特集 翻訳と支援

法政策学の試み

――法政策研究 第16集――

泉水文雄・角松生史 監修
法政策研究会 編

信山社

まえがき

　『法政策学の試み』は，毎年度，神戸大学大学院法学研究科に在籍し，あるいは在籍していた社会人を中心に結成されている法政策研究会の編著として刊行されている。本書は，その第16集として刊行されるものであるが，会員による個別研究の成果に加え，小野博司・神戸大学大学院法学研究科准教授，吉岡すずか・桐蔭横浜大学大学院法務研究科客員教授の論考を掲載している。

　法政策研究会の研究活動は，会員の社会的経験を踏まえた問題関心から出発し，従来の法学研究において主たる地位を占めてきた解釈論中心の思考とは異なるものとして展開されてきた。本書においても，憲法・行政法・民法・環境法・社会保障法など，さまざまな領域が交差する問題について，実務的発想を基盤においた研究が査読を経た上で掲載されている。今後も，各会員の研究成果の一端をこのような形で毎年世に送り出せることを祈念する。

　また本書には，会員外からのご寄稿として，小野准教授による近代法の受容に関するご論文，吉岡客員教授による法的支援におけるアウトリーチに関するご論文を頂いた。学際的視点を踏まえたこれら論文を『法政策学の試み』に掲載できることは編者の喜びとするところである。

　なお，本書『法政策学の試み──法政策研究（第16集）』を刊行できるのは，やはり例年通り，ひとえに信山社のご理解とご支援によるものである。ここに，信山社および袖山貴氏，稲葉文子氏に対し，心より御礼を申し上げる。

2014（平成26）年12月

角松　生史

---- 執筆者一覧 (掲載順) ----

1 小野 博司（おの ひろし）　　神戸大学大学院法学研究科准教授
2 吉岡すずか（よしおか すずか）　桐蔭横浜大学大学院法務研究科客員教授
3 南　眞二（（みなみ しんじ）　元新潟大学教授，法学博士（神戸大学）
4 三野 寿美（みの としみ）　　神戸大学大学院法学研究科博士課程
　　　　　　　　　　　　　　　後期課程法政策専攻修了　法学博士（神戸大学）
　　　　　　　　　　　　　　　高松法務局（法務省）
5 石原奈津子（いしはら なつこ）神戸大学大学院法学研究科博士課程後期課程
　　　　　　　　　　　　　　　単位取得退学　税理士

―――― ⓒ Printed in Japan ――――

目　次

まえがき　（泉水文雄）

〈執筆者一覧〉

第 I 部 ──────────────── 1

1　近代法の翻訳者たち（1）
　　──山脇玄と守屋善兵衛── 〔小野博司〕… 3
　　1．はしがき ………………………………………… 4
　　2．山　脇　玄 ……………………………………… 6
　　3．守屋善兵衛 ……………………………………… 15
　　4．むすびにかえて ………………………………… 22

2　法的支援におけるアウトリーチとは
　　──法テラスの原発被害への実践から── 〔吉岡すずか〕… 29
　　　　はじめに ……………………………………… 30
　　1．アウトリーチとは …………………………… 31
　　2．アウトリーチの実践　3.11 以前・以後 …… 34
　　3．アウトリーチ再考 …………………………… 36
　　4．原発事故被災地へのアウトリーチをいかに考える
　　　　べきか ………………………………………… 38
　　5．比較：自然災害大国オーストラリアの実践から ………… 42
　　6．課　　題 ……………………………………… 43

目　次

第Ⅱ部（会員論文）——————————— 51

3 日本漁業の現状と持続可能性への考察
　　——東アジアにおける漁業との比較も踏まえて——〔南　眞二〕… 53
　　　　1．はじめに …………………………………………… 54
　　　　2．日本の漁業法制度と現状 ………………………… 55
　　　　3．東アジアの漁業法制度と現状 …………………… 60
　　　　4．東アジアの中の日本漁業 ………………………… 69
　　　　5．日本漁業の方向性 ………………………………… 71
　　　　6．まとめ ……………………………………………… 75

4 公証制度の発展と課題（第2部・完）
　　——総論的・制度論的分析——　　　　　〔三野寿美〕… 77
　　　　1．序　論 ……………………………………………… 78
　　　　2．制度・構造上の問題 ……………………………… 79
　　　　3．今後の制度的発展について ……………………… 85
　　　　4．結　び ……………………………………………… 94

5 アメリカの医療制度
　　——保険改革法を中心とした制度改革の考察　〔石原奈津子〕… 95
　　　　1．はじめに …………………………………………… 96
　　　　2．アメリカの医療保障システムの概要 …………… 97
　　　　3．アメリカ医療の問題 ……………………………… 102
　　　　4．アメリカの医療制度改革 ………………………… 108
　　　　5．法政策における日米比較考察 …………………… 116

あとがき（121）

第Ⅰ部

1 近代法の翻訳者たち（1）
——山脇玄と守屋善兵衛——

小 野 博 司

【要　旨】

　本稿は，19世紀後半における近代法の継受について，これまであまり注目されてこなかった「翻訳者」に焦点を当て，その活動を紹介するものである。日本における近代法の継受は，諸外国の法令・学説を翻訳し，それをもとに内容を定めて法令を制定する，という形で行われており，それゆえに「翻訳者」は重要な役割を果たしたと考えられる。本稿で取り上げたのは，山脇玄（1849-1925）と守屋善兵衛（1866-1930）である。両者はいずれも，伊藤博文・井上毅を指導者とし，1880年代に推進されたドイツを模範国とした法制改革において翻訳を担当した人物である。

　山脇は，最も早くドイツの大学で法学を学んだ「ドイツ法(学)の父」と呼びうる「エリート」であった。その翻訳活動は公法を中心に非常に幅広く，日本近代法あるいは「明治国家」の骨格を形作るものであった。当時において彼に比肩するドイツ法(学)の知識を持つ者はほとんどいなかったと考えられ，まさに「近代法の翻訳者」の名にふさわしい人物だといえる。一方の守屋は，正規教育を受けず山脇から直接ドイツ語を学び，彼の推薦によって近代法継受の現場に立ちあった人物である。彼には法学の知識もなかったことから，その立ち位置は語学補助者と呼びうるものだったと見られる。しかしながら，その職務は最も秘匿性の高い外国人法律家による答議の翻訳にまで及んでおり，決して単なる「補助者」に止まるものではなかった。

　これまで往々にして近代法の継受は，一部の外国人法律家，日本人政治家，官僚，法律家に注目して語られてきた。その結果，彼らは，「日本近代法の父」（ボワソナード），「立憲カリスマ」（伊藤博文），「たぐい稀なグランドデザイナー」（井上毅），「民法三博士」（梅・富井・穂積）という評価を得てきた。しかしながら，果たして近代法の継受は彼らだけで行うことができたであろうか。またこうした一種の「英雄史観」で近代法継受過程の全体的把握が可能となるのであろうか。筆者が近代法の翻訳者の紹介を通じて示し

たかったのは，近代法の継受は「チーム」によって行われたということである。近代法の継受の現場を再現するためには，まずはいかなる人物がこの作業に関与したのかを明らかにしなければならない。本稿を，そのための第一歩としたい。

1．はしがき

　幕末に西洋諸国との間で締結した「不平等」条約を改正するために，19世紀後半に日本は西洋近代法（以下，近代法）を継受せざるをえない状況に陥った。しかし，このことは，条約相手国たる西洋諸国のような「近代国家」を目指す政府にとっては歓迎すべきことでもあった。中村菊男氏がかつて「封建割拠主義を克服して近代統一法を制定するという動機と条約改正のための手段としての動機が法典の編纂に相互に内面的な関連性をもっていた」[1]と指摘されたとおり，近代法の継受は内政・外政いずれにとっても重要な「国策」となったのである。

　日本は，「不平等」条約を通じて主権に著しい制限を加えられたとはいえ，非西洋世界においては珍しく国家的独立を維持することができた。このことにより可能になったのが，1875(明治8)年9月の刑法改正草案の「起草ノ大意」の一節（「歐洲大陸諸國ノ刑法ヲ以テ骨子トナシ本邦ノ時勢人情ニ參酌シテ編纂スル」[2]）が象徴するような，諸外国の法令・学説を翻訳し，それをもとに内容を定めて法令を制定する，という形での近代法の継受だったのである。日本近代法は，外国法の「主体的・選択的・変容的」継受により成立した。非西洋社会への近代法の移植にあたり，「お雇い外国人」と呼ばれる外国人法律家がいかなる「配慮」を示したのか[3]，また政治家や官僚がど

---

[1]　中村菊男『近代日本の法的形成』（有信堂，1956年）6頁。
[2]　「刑法編集日誌」早稲田大学鶴田文書研究会編『＜日本刑法草案会議筆記別冊＞刑法編集日誌　日本帝国刑法草案』（早稲田大学出版部，1976年）4頁上段。なお本稿での本文・注での引用は基本的には原文のまま行った（ただし法令(案)名・資料名・記事名・書籍名・論文名を除く。また原文で引用部分に付されている傍点等は省略した）。
[3]　例えば，藤原明久『ボワソナード抵当法の研究』（有斐閣，1995年），小柳春一郎『近代不動産賃貸借法の研究』（信山社，2001年）などが挙げられる。

1. はしがき

のような政策判断に基づいて外国人法律家の手による草案に修正を加えたのか[4]，という問いは，こうした成立過程に対する理解を前提に，日本近代法の内容上の特徴を明らかにしようとするものである。

　他方で，近代法史においては，「なぜ近代法の継受は可能であったのか」という問いもある。この問いに対しては，これまで近世に由来する行政・司法両分野での「伺・指令型」がよく取り上げられてきたが，本稿では「翻訳者」に注目したい[5]。近代法の継受はいくつもの条件の重なり合いにより実現したが，翻訳者はそのうちの「人的条件」の一つとして，特に初期の継受過程において重要な役割を果たした。しかし，管見の限りでは，近代法史の他の登場人物たち——「日本近代法の父」[6]ボワソナード，「立憲カリスマ」[7]伊藤博文，「明治国家を形成しようとしたたぐい稀なグランドデザイナー」[8]井上毅，「民法三博士」(梅謙次郎，富井政章，穂積陳重)——と比べてあまり関心が向けられることはなく，最も有名な「近代法の翻訳者」である箕作麟祥でさえ資料的制約もあり十分な研究が行われているとは言い難い[9]。そこで本稿では，これまでほとんど知られていない近代法の翻訳者——山脇玄

---

[4]　例えば，坂井雄吉「井上毅と明治憲法の起草」(初出1977年)同『井上毅と明治国家』(東京大学出版会，1983年)，吉井蒼生夫「旧刑法の制定と「皇室ニ対スル罪」」(初出1977年)同『近代日本の国家形成と法』(日本評論社，1996年)などが挙げられる。

[5]　例えば，岩谷十郎「訓令を仰ぐ大審院」(初出1993年)同『明治日本の法解釈と法律家』(慶應義塾大学出版会，2012年)，中尾敏充「日本の近代化と法の役割」『適塾』第45号(2012年)などが挙げられる。

[6]　大久保泰甫『ボワソナアド』(岩波新書，1977年)6頁。

[7]　坂本一登『伊藤博文と明治国家形成』(初出1991年)(講談社学術文庫，2012年)144頁。

[8]　木野主計『井上毅研究』(続群書類従完成会，1995年)序4頁。

[9]　近代法史研究者による箕作の伝記としては，山中永之佑「箕作麟祥」潮見俊隆＝利谷信義編著『日本の法学者』(日本評論社，1974年)，吉井蒼生夫「近代法学の祖箕作麟祥」(初出1993年)吉井・前掲注(4)がある。なお箕作は，「論文の如きものを草せず，庸劣なる論を吐くとも，何の用をかなさむ，などといふ見識」(大槻文彦『箕作麟祥君伝』，丸善，1907年，57頁)の持ち主であり，彼の法に対する考え方は，翻訳以外には，今のところ「民法之大意」『東京学士会院雑誌』第8編之5 (1886年)や「行政裁判学」『東京学士会院雑誌』第17編之3 (1895年)といった数少ない講演録から探るしかない。

(1849-1925) と守屋善兵衛（1866-1930）——に焦点を当て，その活動の紹介を通じて近代法継受の現場を再現し，「なぜ近代法の継受が可能であったのか」という問いに対する一つの見方を提示したい。

2．山　脇　玄

　山脇の生家は代々福井藩で藩医を務める家柄であり，父の立樹（元恭）はその7代目にあたる人物であった[10]。1849（慶應2）年3月に長男として生を享けた山脇は，幼少時から家業を継ぐために福井藩医学所の済世館そして長崎の精徳館・長崎府医学校で西洋医学を学び，1870（明治3）年10月には大学東校から解剖学研究のためにドイツに派遣されることになった[11]。

　明治初年においては，「獨逸の長所は醫學と兵學とにして，其他は遥に英佛の下風に在り」[12]と考えられていた。それゆえ，この当時ドイツに留学する者の半数以上は医学研究を目的としており，社会科学を学ぶ者は存在しなかった[13]。その嚆矢となったのが，伊藤博文・井上毅を指導者とする1880年代の法制改革において活躍した荒川邦蔵と山脇であった。荒川は長州藩の藩医の養子であり，山脇とともに大学東校から医学研究のために留学を命じられていた。この両名に加え，米沢藩の藩医の子で渡邊洪基から英語を学び，当初ロシア研究のために留学したものの後に専攻を変え，1876（明治9）年に日本人では初めてハイデルベルク大学でドクトル・フィロソフィーを取得した平田東助の3名をもって，「ドイツ法(学)の父」と呼んでよいであろう。3名とも幕藩期以来の蘭学・洋学の伝統のもとで自然科学を中心に西洋の学問を学んだ「洋学転身組」であるが，その最初は，有名な洋学者の家系（津山箕作家）に生まれ，1870年代のフランスを模範国とする法制改革の中心人物であった，「フランス法(学)の父」でかつ「日本近代法(学)の父」

---

10)　「藩制役成」福井県立図書館寄託『松平文庫』898,「役成人名簿」同899,「姓名録　七」同919-7。

11)　「東校専門生徒留学之儀申立」国立公文書館所蔵『公文録』明治3年・第61巻・庚午9月〜閏10月・大学伺（請求番号：本館-2A-009-00・公00375100）。

12)　加藤房蔵編『伯爵平田東助伝』（平田伯伝記編纂事務所，1927年）34頁。

13)　森川潤『明治期のドイツ留学生』（雄松堂出版，2008年）63頁。

2．山 脇 玄

である箕作麟祥である。明治初年の刑法編纂作業を想起すれば明らかなように，日本近代法の形成は，鶴田晧や村田保などに代表される「漢学転身組」から箕作ら「洋学転身組」への「知の覇権の移動」[14]を出発点とした。

　医学研究を志した荒川や山脇が専攻を変更したのは長州藩出身の青木周蔵との出会いによるものである。青木も元々は医学を志していたが，「凡百ノ學ヲ修ムルニ於テ独逸諸邦ニ優ルノ国ナキ（中略）将来我日本ニ於テモ独逸ニ於ケル如キ主義正確ニシテ秩序精密ナル学問行ハルルニ至ルヘシ」[15]と考えるようになり，かねてより「蘭学ヲ能クシ且氣骨アリ」と評価していた山脇に法学を学ぶように説得したのである。山脇への説得については青木の自伝の中で以下のようにやや詳しく描かれている。

> 山脇氏ハ既ニ医学ニ於テ多少得ル所アリト信シタレハ当初予ノ勧告ヲ受ケシ時直ニ應スルコトハ其ノ太タ苦痛トセシ所ナルヘク予モ亦医学生トシテ進歩ノ跡既顕著ナル同氏ヲシテ中途目的ヲ変セシムルハ幾分カ顧慮スル所ナキニ非サリシモ他ニ政治学ヲ修メシムヘキ適当ノ留学生ナカリシヲ以テ強イテ専修科目ノ変更ヲ勧告セシナリ[16]

　この説得に応じ山脇は，（同じく医学を学んでいた弟[17]がいたといえ）医学を捨てる決心をした。1880年代に伊藤博文・井上毅を中心にドイツを模範国とする法制改革を実現することができたのは，「獨逸の長所は醫學と兵學とにして，其他は遥に英佛の下風に在りと思惟せられし時代」から，「獨逸は文武の學術藝能，歐洲諸國に卓絶し國運の興隆，専ら其の力に依れり」[18]との信念を持って留学生をリクルートしていた青木と，背後から彼を支援した木戸孝允の先見の明によるところが大きい[19]。

---

14) 瀧井一博『明治国家をつくった人びと』（講談社現代新書，2013年）113頁。
15) 「青木周蔵自叙伝」国立国会図書館憲政資料室所蔵『青木周蔵関係文書』。
16) 同上。
17) 板沢武雄『シーボルト』（吉川弘文館，1960年）261-262頁には以下のような記述が見られる。「母いね子（シーボルトの娘である楠本いね……筆者注）はたか子を無理に長崎によびもどし，改めて佐賀県杵島郡公立柄崎病院長山崎泰介（ママ）と結婚させた。（中略）結婚七年にして泰助（ママ）が死別してからは，泰助の兄山脇玄のすすめるままに東京に移り（以下略）」。
18) 加藤・前掲注(12)26頁。

1 近代法の翻訳者たち (1)

　ドイツでの学修状況は以下のとおりであったという[20]。山脇は，1873(明治6)年はベルリン大学，1874(明治7)年の夏学期はハイデルベルク大学，冬学期はライプチヒ大学，そして1875(明治8)年夏学期からは再びハイデルベルク大学で学んだ。

　　第一季　千八百七十三年四月二十六日ヨリ八月十一日マテ「ベルリン」府ニ於テ
　　　　　　法律誌又法律軌典　　學頭ベル子ル氏ニ從學
　　　　　　羅馬法制及羅馬律古誌　學頭ブルンス氏ニ從學　　羅馬律史　同氏
　　第二季　千八百七十三年十月ヨリ千八百七十四年三月九日迄「ベルリン」府ニ於テ
　　　　　　獨乙國通法施行論　學頭ブルンス氏ニ從學
　　　　　　獨乙國政事史及律史　學頭ブルン子ル史ニ從學
　　第三季　千八百七十四年四月二十二日ヨリ八月十二日マテ「ハイデルヘルグ」府ニ於テ
　　　　　　獨乙國私法　學頭レナルド氏ニ從學
　　　　　　刑律　學頭ハインチエ氏ニ從學
　　第四季　千八百七十四年十月二十三日ヨリ千八百七十五年三月三日マテ「ライプチヒ」府ニ於テ
　　　　　　獨乙國法範論　學頭ブリードベルク氏ニ從學
　　　　　　獨乙國普通刑事裁判　學頭ビンシンク氏ニ從學
　　第五季　千八百七十五年四月ヨリ（ハイデルベルク）
　　　　　　萬国公法　學頭ブルンチユリ氏ニ從學　　故事學　同氏
　　　　　　經濟學　學頭クナイス氏ニ從學
　　　　　　民事裁判　學頭ヲステルロー氏ニ從學

　山脇は，1875(明治8)年9月に青木の推薦により司法省雇に採用されて事実上の国費留学生としての地位を得た。このことは，彼が能力を評価されて政府からその将来を約束されたことを示すものであった。
　この留学期間中に山脇が強い影響を受けたのはブルンチュリーだったと見

---

19)　森川潤『ドイツ文化の移植基盤』（雄松堂出版，1997年）．
20)　「在独国留学生山脇玄本省御用為取調同国在留御下命等ノ擬伺」国立公文書館所蔵『公文録』明治8年・第243巻・明治8年9月・司法省伺（布達）（請求番号：本館-2A-009-00・公01630100）．

2. 山脇 玄

られる。ブルンチュリー『一般国法学』(1851-1852)の翻訳はすでに加藤弘之によってなされていたが，山脇は1883(明治16)年3月から4月にかけて「嘗テ某氏ノ之ヲ譯スル者アリト雖ﾓ今コ、ニ掲載スル所ノ篇章ハ特ニソノ前譯中ニ漏ル、者ヲ譯出」[21]している。加藤の翻訳は同書の「第一編総論ヨリ第四巻第一三款ニ至リ第二編第六巻ヨリ第九巻ニ至ルマテ」[22]で，第4章第14節以下と第5章および第10章から第12章までの邦訳は存在していなかった。山脇が訳出したのは，国家作用の区分について書かれた第5章「立法官および法律」の第1節および第2節であった。また1882(明治15)年9月から翌年6月にかけて，独逸学協会会員の飯山正秀[23]（駅逓一等属）が「獨逸智識ヲ我國ニ輸入スル目的ヲ以テ政治法律學ハ固ヨリ時事ト文學上ノ論説ヲ問ハス」[24]ブルンチュリーの著述を集めた『獨逸法律政治論纂』を刊行した際には校閲の労を取っており，謝辞のなかで「彼ノ碩學ナルブルンチユリー氏ニ親炙業ヲ受ケ大ヒニ得ル所アリ」[25]と紹介されている。

1877(明治10)年5月に約6年半に及ぶ留学から帰国した山脇は，8月に司法省御用掛に任ぜられ民法編纂掛に配属された。同年5月に設置された民法編纂掛では箕作麟祥を中心に民法編纂事業が行われており，その成果が

---

[21] 山脇玄「ブルンチユリー氏著国法汎論抄訳(1)」『明法志林』第49号（1883年）9頁。

[22] 平田東助訳『國法汎論（自第四巻ノ下至第五巻）』（司法省，1888年）凡例1頁。同書と『国法汎論（自第十巻至第十二巻）』（司法省，1890年）は，加藤の未訳部分を翻訳したものである。

[23] 飯山正秀は1855(安政2)年11月に高松藩家老大久保家の家臣の家に生まれた。愛媛県，内務省を経て，1882(明治15)年12月に駅逓一等属に任ぜられる。飯山の経歴に関しては，戒田郁夫「ドイツ財政学の導入者飯山正秀」（初出1992年）同『欧米財政学・経済学導入史上の忘れられた人々』（関西大学出版部，1996年）が詳しい。なお飯山のドイツ語学習歴に関しては，大塚三七雄『〔新版〕明治維新と独逸思想』（長崎出版，1977年）136頁に「夙に開成所に学び，明治五年頃より独逸学に専念」との記述がある。戒田氏も指摘されているとおり（68頁注(9)），大塚氏は根拠となる資料を示されていないが，東京外国語学校編『東京外国語学校沿革』(1932年)「東京外國語學校官員並生徒一覧（明治七年三月）」の「獨逸語學下等第一級」の欄に「名東　同（官費……筆者注）　玉井正秀」(70頁)の名が見られることを付記しておく。

[24] 飯山正秀纂訳『独逸法律政治論纂（第一）』(1882年) 凡例。

[25] 同上，緒言5頁。

1 近代法の翻訳者たち (1)

1878(明治11)年4月のいわゆる「明治11年民法草案」[26]であった。箕作が責任者であるところからも窺えるように，明治11年民法草案の起草はフランス法の継受の立場から行われた。ドイツ留学から帰国したばかりの山脇が編纂事業に参加することになった理由は資料上明らかではないが，1880(明治13)年5月に平田東助とともにヴキンドシャイド『獨逸民法通論（巻之一）』を司法省から刊行しているところから見て，最新のドイツ民法学（パンデクテン法学）の紹介が期待されたものと推測される。明治11年民法草案の内容は「あまりにもフランス法の翻訳的であった」[27]といわれているが，その編纂事業において山脇を通じてドイツ民法学の知識の輸入が行われていたとすれば非常に興味深い。

1880(明治13)年3月に太政官権少書記官に異動した山脇は，6月に権大書記官の村田保とともに「法律並地方編成法取調」のためにドイツに出発した[28]。自身が認める通り元々は「明清律学者」で後にイギリスで学んだ村田のドイツ語力が山脇に劣っていたことはほぼ間違いないので，調査の中心に立ったのは山脇であったと見てよかろう。このとき調査に協力した人物として資料上で確認できるのは，ベルリン大学のグナイストとベルナー[29]，そしてプロイセン上級行政裁判所評定官ノイハウス[30]である[31]。例えば，瀧井一博氏によるプロイセン文化財機密国家公文書館所蔵『ルドルフ・フォ

---

26) 明治11年民法草案については，手塚豊「明治11年民法草案編纂前後の一考察」（初出1957年）同『明治民法史の研究（上）』（慶應通信，1990年）を参照。

27) 同上，222頁。

28) 「権大書記官村田保外一名独逸国ヘ差遣ノ件」国立公文書館所蔵『公文録』明治13年・第134巻・明治13年4月～6月・官員4月・5月・6月（請求番号：本館-2A-010-00・公02765100）。

29) G・クラインハイヤー＝J・シュレーダー（小林孝輔監訳）『ドイツ法学者事典』（学陽書房，1983年）22頁の「アルベルト・フリードリッヒ・ベルナー」の項（根森健氏執筆）を参照。

30) 宮崎良夫「行政裁判所と評定官」（初出1985年）『行政争訟と行政法学〔増補版〕』（弘文堂，2004年）85頁（表6「プロイセン上級行政裁判所裁判官一覧表（1875-1925年）」）を参照。

31) 「独逸国ベルリン大学教頭ルードルフ，グナイスト以下三名叙勲ノ件」国立公文書館所蔵『公文録』明治15年・第3巻・明治15年3月～4月・太政官（内閣書記官局～御巡幸御用掛）（請求番号：本館-2A-010-00・公03211100）。

2. 山脇 玄

ン・グナイスト文書』の調査により，近年「明治政府とのつながりは実はもっと密なものだったのかもしれない」[32]ともいわれるグナイストは国会の開設について以下のように語ったといわれる。

> 頃日日本國ニ於テ國會開設願望者ノ所々ニ黨類ヲ結ヒシ由ナレ圧余考フルニ其根原ヲ尋ヌレハ或ル二三ノ主張者アリテ他ヲ煽動スルニ過キス歴史上ニ就テ考フルニ若シ日本ニ於テ國會ヲ開クトキハ今日ノ執政ハ必ス日ナラスシテ黜退セラルヘシ其黜退セラレシ者ハ又必ス不平ヲ懐キ他人ヲ教唆シテ一團黨ヲ結ハン如此ナルヰハ毎ニ紛紜ノ絶ユル┐ナクシテ政務ノ一途ニ出テサルカ為メ毎ニ人民ノ害ヲ受クルノミナラン故ニ今日ハ國會ヲ開ク┐猶早シ成ル可ク從來ノ執政ヲ改メス執政ニ自由ヲ與ヘ國ノ進歩ヲ速カニセシメ法律ノ全ク備ハラン┐ヲ求ムヘシ [33]

民権派の雑誌である『近時評論』は，両名の出発にあたって「政府ガ特ニ二氏ヲ以テ獨逸ニ赴カシメラル々ハ果シテ何等ノ深意ニ出ヅル乎」[34]と記しているが，このときの調査の背景にはドイツを模範国とする法制改革を志向する井上毅の思惑が見え隠れしている。1880年代に伊藤博文のもとで憲法制定をはじめとする法制改革の実質的責任者となった井上は，もともとは仏法派であったが留学中にプロイセンの政治体制・法制度に触れて急速に独法派へと接近していった[35]。当時井上は法制部大書記官で村田・山脇の直接の上司であったことから調査を計画したのが彼の可能性もある。法制改革における模範国のフランスからのドイツへの変更のきっかけは周知のとおり「明治14年の政変」であるが，実はそのための具体的準備はすでに前年に村田と山脇によって現地で行われていたのである（このように考えれば，「憲法調査」に向かった伊藤博文が最初にグナイストを選択したのも村田・山脇の調査が影響を及ぼしていた可能性もあるように思われる）[36]。

---

32) 瀧井・前掲注(14) 256頁。
33) 『独逸法律書』第8冊（1887年）646頁。
34) 「太政官権大書記官村田保君，同権少書記官山脇玄君ガ法律研究ノ為メ独逸ニ赴クハ果シテ何ノ為メナル乎」『近時評論』第272号（1880年）9-10丁。
35) 森川潤『井上毅のドイツ化構想』(雄松堂出版，2003年)。
36) 清水伸『明治憲法制定史（上）』(原書房，1974年) 299頁はこの点について「グナイストとシュタインの人選」は「青木とロェスラーの協議によって」行われたと

1 近代法の翻訳者たち (1)

　帰国後 1881(明治 14)年 10 月には参事院議官補に任ぜられた。参事院は，太政官に置かれた「内閣ノ命ニ依リ法律規則ノ草定審査ニ参預」する機関である。メンバー（議官補）には出身を問わず「賢才博識」が「広ク」「蒐メ」られた。また 1884(明治 17)年 3 月には，「憲法調査」から帰国した伊藤博文が内閣制とそれに伴う官僚機構，地方制度，行政裁判制度，議会，皇室・華族制度の起草・立案作業を行うために設置した制度取調局の御用掛を兼任した。制度取調局は宮中改革のために宮内卿に就任した伊藤のブレーントラストのような組織であった。藩閥に縁のなかったものの山脇は己の学識をもって伊藤・井上に連なる法制改革を担う集団の一員に登り詰めたのである。西南雄藩出身者が政府中枢を占めていた 1880 年代にこうした重要な地位を占めることができたのは，法学教育のための機関が未整備で，かつ外国法の知識がフランス法・法学が中心であった当時において，ドイツを模範とする法制改革を実現するためにはどうしても必要な存在だったからである。制度取調局には，宮島鈴吉[37]（1880 年卒業），舟橋重三[38]（1884 年卒業）のような東京外国語学校独語学科卒業生や，本山正久（1878 年卒業），奥田義人（1884 年卒業）のような東京大学卒業生も参加していたが，やはり中心は，ドイツで法学教育を受けた荒川と山脇であった。

　官僚組織に所属していた以上，参事院・制度取調局時代に山脇が行った翻訳作業をはじめとする活動の全体を把握することはほぼ不可能であるが，そ

　　　推測している（300 頁）。
37) 宮島鈴吉は，1863（文久 3）年 2 月に江戸に生まれる。1880（明治 13）年 7 月に東京外国語学校独語学科を卒業後，1881（明治 14）年 1 月に司法省一四等に任ぜられ，その後太政官に異動し，参事院御用掛（兼任），制度取調局御用掛（兼任）となる。1887（明治 20）年 12 月に検事（東京始審裁判所詰），その後判事に転じ，大阪地方裁判所，広島区裁判所，前橋地方裁判所，甲府地方裁判所，宮城控訴院判事，石巻区裁判所，盛岡区裁判所を経て，1922（大正 11）年の時点では八王子区裁判所に勤めている（帝国法曹大観編纂会編『〔改訂・増補〕帝国法曹大観』，1922 年，294 頁）。
38) 舟橋重三は，1864（元治元）年 10 月に生まれる。1884（明治 17）年 7 月に東京外国語学校独語学科を卒業後，太政官御用掛兼制度取調局御用掛に任ぜられる。翌年 12 月に内閣属，1888（明治 21）年 6 月に枢密院属，1899（明治 32）年 7 月に警察監獄学校教授に任ぜられるも，翌年死亡した（「属船橋重三」国立公文書館所蔵『枢密院文書』枢密院判任官以下転免履歴書・明治，請求番号：本館-2A-016-03・枢 00190100）。

〔小野博司〕

2. 山 脇 玄

の一端を示すものとして参事院議官補に任ぜられてから制度取調局御用掛を兼任するまでの時期（1881年10月～1884年3月）の著述活動の一部を紹介しておきたい。

1881年 10月	任参事院議官補
11月	ブルンチュリー『万国戦争条規（第一編）』（飯山正秀と共訳）
	シュタイン『兵制学』（木下周一と共訳）
1882年 8月	「独孛憲法行政概論（1）」
9月	「独孛憲法行政概論（2）」
	「独孛憲法行政概論（3）」
10月	「独孛憲法行政概論（4）」
	「万国為替法」
11月	「独逸帝国社会党撲滅規則」
12月	「独逸帝国社会党撲滅規則（1878年10月21日発布）」（訳）
1883年 3月	「ブンチユリー氏著国法汎論抄訳（1）」
4月	「ブンチユリー氏著国法汎論抄訳（2）」
9月	「独孛憲法行政概論（5）」
10月	「独逸帝国起業勧工組合規則（1868年7月4日発布）（1）」（訳）
	ブルンチュリー「代議憲法ノ沿革（1）」（平田東助と共訳）
	「独逸帝国起業勧工組合規則（1868年7月4日発布）（2）」（訳）
11月	ブルンチュリー「代議憲法ノ沿革（2）」（平田東助と共訳）
12月	「独逸帝国起業勧工組合規則（1868年7月4日発布）（3）」（訳）
	ブルンチュリー「代議憲法ノ沿革（3）」（平田東助と共訳）
1884年 3月	兼制度取調局御用掛

翻訳によるドイツ法令の紹介という点では，1885（明治18）年から翌年にかけて刊行された『独逸六法』を見逃すことはできない。同書は，制度取調局の同僚であった今村研介[39]とともに，ドイツの「裁判所編制法，刑法，治

---

[39] 今村研介は1849（嘉永2）年7月に生まれ，1875（明治8）年2月に陸軍省十三等出仕を皮切りに，司法省，内務省，太政官を経て，1881（明治14）年10月の参事院書記生に任ぜられ，1884（明治17）年4月に制度取調御用掛を兼任した（本官は太政官一等属）。『独逸六法』刊行時は法制局属あった（「法制局属今村研介司法参事官ニ任叙ノ件」国立公文書館所蔵『官吏進退』明治20年官吏進退11・司法省1，請求番号：本館-2A-018-00・任A00137100）。その後は1887（明治20）年2月に司法省参事官に任ぜられ，検事（八王子区裁判所検事局勤務）であった1896（明治29）年2月に死亡した。『独逸六法』以外に，『独乙治罪法』（司法省，1882年），『独逸普通商法（上巻）』（忠愛社，1883年），ロエスレル「僧徒徴兵件」（1884年4月），リヨースレル著「行政裁判論（1884年5月）」『行政裁判法草案（上）』（制度取調局，

1 近代法の翻訳者たち（1）

罪法，訴訟法及商法」を翻訳したものである。訳者の筆による「凡例」には，以下のようなことが記されている。

> 曩キニ佛國五法ノ譯一タヒ世ニ出テシヨリ法學ニ從事スルノ徒其益ヲ得ル固ニ少カラス然リ而シテ獨國ニ在テハ從來其完璧ヲ存セサルカ爲メ又随テ之ヲ譯述セシモノ無シ余輩之ヲ恨ムコト久シ然ルニ近來ニ至リ獨國普通ノ五法漸ク備ハラントス是レ余輩ノ此擧アル所以ナリ[40]

同書が箕作麟祥の手による『仏蘭西法律書』（憲法，民法，刑法，訴訟法，商法，治罪法の翻訳）を強く意識したものであることは明らかである。また「凡例」には，「佛國裁判所編制法ハ諸法律中ニ散見セリ而シテ獨國ノ之ヲ特立セン所以ノモノ他ナシ蓋民刑両法ニ通シテ而シテ之ヲ適用センカ爲メナリ是ヲ以テ佛國ノ所謂五法ハ獨國ニ在テハ則チ六法トナレリ」という仏法派に対する対抗意識が露骨に示された箇所も見られる[41]。同書を刊行したのは，山脇が今後の法制改革において，箕作やボワソナードとその弟子たちを中心とした仏法派に対し，自身が所属する独法派が存在感を示すことを望んでいたからであろう。

さらに1887（明治20）年には，『独逸法律書』全9冊が刊行された。同書が村田とともに行った滞独調査の成果であることは，河合栄治郎の著書の一節（＝「明治十三年独逸に派遣された太政官権大書記官村田保，権少書記官山脇玄の両氏は，独逸公法関係の調査に懸命し，翌年復命した九十余篇の資料は，後二十年に内務省から「独逸法律書」旧慣として出版された」[42]）のみならず，以下の芳川顕正内務省総務局長の「叙」文からも明らかであるが，翻訳作業の大部分は山脇の手によるものだと推測される。

1885年），リヨースレル稿「行政裁判法草案（1884年11月）」，「行政願訴法草案（1884年11月）」『行政裁判法草案（下）』（制度取調局，1885年），「普国租税徴収法（1858・1867年布告）」（年不明）の訳者として名を残している。

40) 山脇玄・今村研介共訳『独逸六法（第一冊）裁判所編制法』（独逸学協会，1885年）凡例1頁。
41) 堅田剛『独逸学協会と明治法制』（木鐸社，1999年）32頁。
42) 河合栄治郎『明治思想史の一断面（河合栄治郎全集第8巻）』（初出1941年）（社会思想社，1969年）104頁。

3．守屋善兵衛

　歐洲文明之國。各異法律。雖非無長短。要可謂具體矣。我邦雖舊。其命維新。以故法律未完。憲法未定。往年太政官遣其權大書記官村田保權少書記官山脇玄於普國。查覈法律。於是二人者。就彼國名士某々五人。傳習研究。夜以繼晷。遂以僅々十閱月之間。輯錄爲九十六卷。勉勵刻苦可想。然行文闕妥。譯語失當者。或應有之。不假以歲月。亦勢之所不能免也。今本省將付之活版。以供施政家參考。讀者勿以辭害志可也 43)

　同書の特徴は，何といっても収録されている分野の広さである。大区分のみを挙げても，憲法，官吏，官制，地方，司法，軍・警察，国民の権利，水利・土地等，選挙，貧民，税，損害賠償，褒賞，刑法，と公法を中心に多くのドイツ・プロイセンの法令が翻訳されている。同書に掲載された法令訳が，ドイツを模範国とした法令改革を推進した参事院および制度取調局の活動に役立てられたであろうことは想像に難くない。同書に掲載されている翻訳と日本法との比較を行うことにより，民法典・刑法典といった大法典以外の法令についても，いかなる外国法が参照されたのかが明らかにできるものと考える。またこの作業は，近代法の翻訳者として山脇が日本近代法の形成に大きな役割を果たしたことを知るものにもなるであろう。

3．守屋善兵衛

　前章で取り上げた山脇は，ドイツの大学で法学教育を受け，その学識を買われて近代法の継受という国家事業に貢献した。しかし近代法の継受は，山脇のような洋行帰りのエリートだけによって実現したわけではない。そこには山脇とは異なるタイプの人物の関与も認められる。本章ではこうしたタイプの人物として守屋善兵衛を取り上げたい。守屋は近代法史ではまったく知

---

43)　『独逸法律書』第 1 冊（1887 年）叙。この「叙」文には「就彼國名士某々五人」とあるが，注(31)で挙げた資料で確認できるのは 3 名である。なお村田の自伝には以下のように 4 名の名前が挙げられている。「翁は自治制行政裁判法，及び，憲法，並びに，新刑法評論研究の爲め，再度の渡歐を命ぜられ，（中略）行政裁判法に就ては行政裁判長官「グナイスト」氏に圖り，憲法に就ては地方裁判所長官「モッセ」氏に尋ね，自治制に就ては「アドレー」氏に質し，新刑法に對しては刑法大博士「ベルネ」氏の批評を乞ひ，十四年七月に至り，任を全うして無事歸朝す」（大日本水産会編『村田水産翁傳』，大日本水産会，1919 年，25 頁）。

1 近代法の翻訳者たち（1）

られていないが，彼もまた実は1884(明治17)年7月に山脇と同じ制度取調局の御用掛に任命された人物であった（本官は太政官御用掛准判任）。

　最初に，制度取調局入りするまでの彼の経歴を簡単に紹介しておきたい[44]。守屋は，1866(慶応2)年に備中国小田郡に生まれた。守屋家は物部氏に遡る家柄であるといい，守屋は元和の頃に備中矢田から移ってきた郷士守屋官兵衛より分かれた10家のうちの金下守屋家の7代目に当たるという。1874(明治7)年に第四大学区第一中学区第二十八番小学下等小学に入学した守屋は，1878(明治11)年に松田謙三の私塾明志学舎に移り漢学を学んだ。そして1880(明治13)年に医者になるために，同郷の大橋素六郎[45]を頼って上京し獨逸学協会に入学するも学費未払いなどを理由に1883(明治16)年頃に退学したという。山脇と比較して特徴的なのは，守屋が法学教育を受けたことがない点である[46]。制度取調局の主要メンバーは，「官僚中のエリートが選任された参事院の官僚のうちから，そのまたエリートが選任された」[47]といわれるが，学歴を見る限り「エリート」とは言い難い守屋が制度取調局の一員に抜擢されたのは，正式なドイツ語教育すら受けていないにもかかわらず優れた語学力（＝ドイツ語力）を持っていたことを認められたからであろう。彼はいわば「語学補助者」の立場から近代法継受の現場に立ち会うことになったのである（これまで紹介してきた人物のうちでは，経歴的に考えると，今村研介，宮島鈴吉，舟橋重三もまた語学補助者であったと見られる）。翻訳とい

---

[44]　守屋の経歴については，「守屋善兵衛年譜」関野直次編『守屋善兵衛追悼録』（守屋善兵衛追悼録編纂事務所，1935年）を参照。

[45]　大橋は備中高梁の出身で幼少時に山田方谷に学び，上京後に中村正直の門に入る。その後内務省警保局に奉職するも，1891(明治24)年に辞職し国会新聞社や東京朝日新聞社で記者として活躍する。1896(明治29)年8月に死亡（「大橋素六郎氏逝く」『東京朝日新聞』，1896年9月25日付）。『行政大意講義（上・中）』（1888年），『地方制度改革之意見』（1893年）といった著書とともに，ほーらんど『法理地学汎論（上・中）』（博聞社，1886年・1888年），ちゃーれす，志るく『欧州大勢論』（博聞社，1889年），チャーレス，ヂルク『欧州大勢論』（博聞社，1893年）（村田誠治と共訳）といった翻訳を残している。

[46]　守屋の蔵書（洋書のみ）は現在目黒区立守屋図書館地下書庫内に所蔵されているが，2012年11月に調査した際にはそのなかに法律関係の文献を見つけることはできなかった。

[47]　山中永之佑「日本近代国家と官僚制（6）」『阪大法学』第71号（1969年）70頁。

3．守屋善兵衛

う方法を通じての近代法の継受は，外国人法律家，洋行エリート，そして国内語学学習者の協力によって実現したのである。

例えば，外国人法律家の答議の翻訳は秘匿性の高い仕事であったが，山脇らだけでなく守屋のような語学補助者によっても行われていた。この点に関しては，守屋とともに制度取調局御用掛に任ぜられた辰巳重範が以下のように回想している。辰巳は元々中村正直が開いた同人社で学び，後にドイツ語の学習を始めたというから，彼もまた語学補助者として制度取調局御用掛に採用されたと考えてよかろう[48]。

> 守屋君と共に日夕獨逸語を研究しましたが，其後間もなく守屋君も帝室制度取調局分室の職員に採用せられました。其時分に於ける守屋君と老生の仕事と申せば當時帝國憲法及商法起草の顧問として，獨逸人ロエストル及テヒヨーの兩氏招聘せられて居りましたが，老生の仕事は取調局より荒川邦藏氏主任となりて前記の兩顧問に質問を發し，右兩顧問より提出したる答を和譯するのが老生の職務でありました。而して守屋君は前記兩傭顧問に附屬して勤務する事になつて居りました[49]。

辰巳は後に宮内省翻訳官として1907年制定のスイス民法典の翻訳を行った人物であるが，法学教育を受けたことはないため当時はまだ法知識も乏しかったものと思われる[50]。かつて小嶋和司氏は，ロエスラーの憲法草案（＝「日本帝国憲法草案」）のドイツ語原文と日本語訳を検討し，「全条項の素訳が一人の手でなされたと考えるよりも，二人以上で手わけしてなされたと推定すべきであろう。というのは，ここに表われたものをみても，除外例，関係代名詞，同一語に与えられる邦訳の調子がひどく不均一で，統制がとれていない」[51]，あるいは「ロエスレル草案の邦訳文には，意味不通のものが多い」[52]と指摘したことがあるが，「嚴秘を要する事のみ故決して他言して

---

48) 辰巳重範「守屋君を懐ふ」関野・前掲注(44) 41-42頁。
49) 同上，45頁。
50) 穂積重遠校閲・辰巳重範訳述『瑞西民法（完）』（法学新報社，1911年）。
51) 小嶋和司「ロエスレル「日本帝國憲法草案」について」（初出1969年）同『明治典憲体制の成立』（木鐸社，1988年）40頁。
52) 同上書，50頁。

1 近代法の翻訳者たち (1)

はならぬ」制度取調局での勤務についての辰巳の以下の回想文を読めば、それも十分納得のいくことである。

> 兩顧問の答書は難讀の肉筆にて、譯するよりは肉筆を讀み下す事が一大難事でありました。全體獨逸文に限らず、譯せんとする本國語を自由に書き得る程の學力だにあらば、前後の文勢に依りて自由に讀み下しの出來るべき筈なるも、正直に白状すれば老生の獨逸語は、獨英對譯辭書に依りて大部分獨習したる程の學力故、文法上より語勢を判斷するの學力なく、唯文字を便りとして判讀するのでありますから、其困難は容易ではありません[53]。

なお肉筆ゆえに読解が困難であった部分について、「今から老ふれば、其當時の先輩山脇玄、荒川邦藏等の諸君に質問したら、氷釋したる事でありましたが、是等の人々に尋ぬるは、何となく威信を傷くる様に考へ、且難讀の度毎に先輩を煩はす様な依頼心を起すも如何と考へらるゝのみならず、斯様の場合處々に尋ね廻る様推量せらるゝも然るべからずと思ひ、自分は勿論、守屋君も此苦痛を分擔して其難讀の箇所を考慮し呉れられたる（以下略）」[54]と山脇らの指示を仰がなかったことも辰巳は告白している。

ところで、なぜ守屋は制度取調局御用掛に採用されて、ドイツを模範とする近代法継受の作業に関わることができたのであろうか。また彼は、それだけのドイツ語力をどこで身に付けたのであろうか。留学はもちろん国内でも正規の教育を受けていない満17歳の少年が内政・外政いずれにおいても重要な「国策」の一端を担うことになったのかを理解するためには、現在では俄かに信じがたく、当時においても「君の半世は苦難に充てる數奇の生涯」として紹介されている上京後の状況について知っておく必要があるだろう。

> 明治十三年十五歳を以て東京に出で、獨逸語を修め傍ら英語を學ぶ、幾許もなく家運漸く衰へたるを以て、資を家郷に仰ぎて悠々學に從ふ能はざるに至れり、而かも君の大志は空しく學を廢して燕雀の間に伍するを屑しとせず、即ち自營の傍ら攻學の途を講ぜんと欲し、同郷の先輩大橋素六郎氏の歐亞學館を讓受け、友人某氏と共に之を経營し、君自ら獨逸語を教授し某氏は英語を擔當せり、時に君僅かに十八、此の年少を以て自營自修す、其艱難曷ぞ汝

---

53) 辰巳・前掲注(44)45-46頁。
54) 同上、46-47頁。

3．守屋善兵衛

を玉成せずして止まん，而して君の業を諸生に授くるに當り其未だ至らざる所あるを自覺するや，今の行政裁判所長官たる山脇玄道氏に請ふて，毎朝獨逸語の敎授を受け以て學習の傍ら先生たる任務を盡すに努力せり，其意氣や愛すべく其の責任を重ずる氣風や敬すべし，當時の山脇博士は太政官少書記官の要職に在り，兼て獨逸學の大家として繁忙を極めたりしにも拘はらず，君の窮狀に同情し且つ君の努力に感じ將來有望の靑年と喜んで君の覓めに應ぜり，然れども君の事業未だ時を得ず，奮鬪努力したる効もなく翌年に入りて遂に之を廢するの止むなきに至れり，乃ち重ねて山脇博士の庇護に依り，明治十七年君が十九歲の夏，太政官御用掛兼制度取調局御用掛（准判任月俸二十圓）に就職するを得，一時の窮を免れたる（以下略）[55]

　家運の傾きにより学資を得る手段を失った守屋は，わずか 16 歳で大橋らが設立した欧亜学館を引き継いだ。伝記中の「年譜」では，「私立歐亞學館ヲ設立ス」と大仰に書かれているが，大橋とともにこれを設立し，引用部中の「某氏」ではないかと思われる辰巳によれば，実際は「英漢學生の共同生活所」であり，元々守屋も「共同生活者の一人」であったという。ここで守屋はドイツ語を教えることになったもののうまくいかず，かつて「學費に不自由して（中略）試験のない月は出席せず，從つて月謝も支拂はぬと云つた具合で退校を餘儀なくされ」[56]た独逸学協会学校の設立者の一人である山脇を頼った。守屋の窮狀を不憫に感じた山脇は守屋にドイツ語を教え，就職の世話までしてくれたのである。山脇が守屋にどのようにドイツ語を教えたのか。これについては，のちに大村仁太郎，山口小太郎とともにドイツ語教育の大立者となった谷口秀太郎の回想が一つの手がかりとなるであろう。

　　君と相識つたのは，明治十六・十七年の頃であつたらうか，當時私ども獨逸語を學ぶもの數人，相謀つて，獨逸語の講讀會を思ひ立ち，故法學博士山脇玄先生を師と仰いで先生の土手三番町の邸宅に，日曜日毎に參集し，ブルンチエリの國家學の輪講を始めた。その会合が，二・三回目になつた頃，色の白い，脊のすらりとした一靑年が加入した。之が即ち守屋君であつたが，讀書力はなかなかしつかりして居て，時には山脇先生が感服される事もあつた[57]。

---

55)　『岡山県名鑑』（岡山県名鑑編纂所，1911 年）103 頁の「守屋善兵衛」の項。
56)　守屋時郎「父の憶ひ出」関野・前掲注(44) 203-204 頁。

1 近代法の翻訳者たち (1)

　ドイツ法の分野においては邦人中他に比肩しうる人物がいない山脇から毎朝ドイツ語を教えてもらい，また日曜日に山脇宅で開催されるブルンチュリーの輪読会に参加していた守屋を「山脇の弟子」と呼ぶことに異論はなかろう。行政裁判所長官時代には独逸学協会学校出身者を積極的に評定官に採用するなど，山脇は非常に面倒見の良い人物であった。山脇の口利きにより，欧亜学館が破綻し，さらなる窮地に追い込まれていた守屋は官途に就くことができた。山脇は個人教授を重ねることによって，ドイツを模範とする法制改革において語学補助者として活躍できることができる人物へと守屋を育てたのである。

　守屋の官歴を見てみると，1885(明治18)年12月の太政官制廃止により太政官御用掛准判任の職を解かれ，翌年12月には文部省属（参事官室詰）に採用されている。1888(明治21)年1月に職を辞し，再び官職を得たのは内務省雇（衛生局勤務）に採用された1893(明治26)年11月のことであった。しかしながら，守屋が1884(明治17)年からの1893(明治26)年の10年間に行った翻訳を見てみると，官職を離れている間も多くの官庁が彼に翻訳を依頼していることがわかる。

年月	官職任免	翻訳依頼官庁	翻訳内容
1884年 1月		太政官	フリツケル「王侯即位不能力論」，「摂政論」
4月		制度取調局	スタイン「奉日本國天皇陛下書」2編
6月		制度取調局	ルードルフ「意見書」数編
7月	太政官御用掛准判任		
1885年12月	廃官		
1886年 1月		陸軍戸山学校	独逸国歩兵大尉某「携帯火兵学及射撃学教程」
2月		臨時官制審査委員	墺国人某「墺国官吏規律全書」
3月		臨時官制審査委員	テヒヨー「孛国官吏俸給制」

---
57) 谷口秀太郎「亡友を偲ぶ」関野・前掲注(44) 49頁。

〔小野博司〕

3．守屋善兵衛

	4月	司法省総務局	「孛国司法大臣年度事務上奏書」
	7月	法制局	独国人某「墺国行政裁判手続」
	10月	法制局	「独逸帝国国会職制」，「孛漏生王国貴族院職制及同王国衆議院職制」
	12月	文部省属	
1888年	1月	同辞職	
1889年	8月	大蔵省	ヘルフルト「孛国予算出納及決算法類聚」
	10月	文部省	ザイデル「技芸教授法」
1890年	2月	法制局	孛国記録局編「比斯馬克侯政蹟記」
	4月	枢密院	ホルチエンドルフ「行政裁判及権限争議論」
	6月	内務省	ヘーン「大阪市及徳島和歌山二県巡回復命書」
1891年	3月	法制局	ゴルヅ「農業経済論」
	5月	文部省	「孛国小学校法草案説明書」
1892年	2月	文部省	「小学校教員寡婦孤児扶助金庫ニ関スル孛国ノ諸法案」
	5月	文部省	コツサ「経済原論」
1893年	11月	内務省雇	

　いくら当代随一の山脇から指導を受け，高いドイツ語能力を身に付けていたとはいえ，官を辞した守屋に多くの官庁が翻訳を依頼していることには正直驚かされる。またそのなかに外国人法学者（ルードルフ，テヒョー）の答議の翻訳が含まれていることは，この感をより一層強めるものである。

　古巣の文部省を除けば，最も多く翻訳の依頼を行ったのは法制局である。1885(明治18)年12月の内閣制度の導入とともに参事院・制度取調局が廃止された後，山脇が異動したのがこの法制局であった。当時の法制局は，法案の審査機関というよりも立案機関としての役割を果たす，参事院・制度取調局の事実上の「後継機関」であった。守屋への翻訳への依頼が多いのも，制度取調局時代の「上司」や「仲間」が法制局に多く残っていたからだと思わ

れる(開設当初に任命された法制局参事官 20 名のうち,参事院か制度取調局に勤務していた者は 16 名に上った)。

また,依頼件数は 2 件であるが,1886 年 1 月に宮内省図書頭の井上毅を委員長にし,伊東巳代治(内閣総理大臣秘書官),金子堅太郎(同),荒川邦蔵(法制局参事官),曽禰荒助(同),山脇玄(同)を委員とした臨時官制審査委員が翻訳を依頼していることに注目したい[58]。全員が制度取調局御用掛出身者であることから,同局の「主要メンバー」についての山中永之佑氏の言葉(=「エリート官僚である参事院の官僚の中枢部分,すなわち,エリート中のエリート」[59])を借りれば,彼らはまさに「エリート中のエリートの,さらに選抜されたエリート」だといえる。彼らに課せられた職務は,宮内省官制・公文式・各省官制通則の起草作業であり,それはつまり「行政」中心の「明治国家体制」の根幹部分を設計することに他ならなかったのである[60]。守屋が行った翻訳(墺国人某「墺国官吏規律全書」,テヒヨー「孛国官吏俸給制」)も何らかの形で日本近代国家(法)の形成に役立てられたであろう。臨時官制審査委員による 2 件の依頼は,近代法の翻訳者としての守屋の能力の高さを物語るものだといえるだろう。

4.むすびにかえて

以上本稿では,近代法継受の現場を再現することを目指し,これまでほとんど光をあてられることのなかった「近代法の翻訳者」のうち,山脇玄と守屋善兵衛の足跡を紹介してきた。長尾龍一氏はかつて,井上毅を主題とした文章の中で,以下のようなことを述べられているが,この長尾氏の「明治の指導者たち」についての見方は近代法の翻訳者を取り上げた筆者のそれと重なるものである。

---

58) 「臨時官制審査官ヲ置ク」国立公文書館所蔵『公文類聚』第 10 編・明治 19 年・第 2 巻・官職 1・官職総,官職 2・職制章程第 1(請求番号本官 -2A-011-00・類 00248100)。
59) 山中・前掲注(47) 73 頁。
60) 大石眞『日本憲法史〔第 2 版〕』(有斐閣,2005 年)138-141 頁。

4. むすびにかえて

　思想史家は，井上の研究などに当たっても，デカルトやスピノザのような孤独な思索者をモデルとし，その書いたものを蒐集し，年代順に配列し，その思想の内在的発展を辿ろうとする。しかし明治の指導者たちは，チームとして行動していたのであるから，彼等は一つのチームとして考察する必要がある。そしてそのチームは，何よりも闘争者集団であった。井上はこのチームに後から参加したが，伊藤投手のもとで，捕手兼コーチといった役柄におさまった[61]。

　これまで近代法史では，近代法の継受に貢献した人物のうち，ごく一部にしか注目してこなかった。これまで注目されてきた人物が日本近代法の形成に欠かせない役割を果たしたことは明らかであるが，過度の「英雄史観」は近代法継受過程の全体的把握を妨げるおそれもあろう。内政・外政いずれにとっても重要な「国策」である近代法の継受は現在に名を残す一部の人物のみによって行われたのではなく，長尾氏のいう通り「チーム」によって行われたのである。長尾氏の表現を借りるならば，伊藤が「投手」で，井上が「捕手兼コーチ」だとするならば，近代法の翻訳者である山脇や守屋は「先乗りスコアラー」とでもいうことができるであろう。山脇や守屋など，近代法の継受に携わった多くの「無名」の人物への眼差しが，近代法継受過程の全体的把握の第一歩であり，また新たな資料「発見」の手がかりになるものと筆者は考える。

　それでは最後に，本論で取り上げた2人のその後に簡単に言及してむすびにかえたい。

　山脇やその弟子である守屋が1880年代の法制改革において果たした役割は，主に外国法令・法律書の調査・翻訳と外国人法律家の通訳および答議の翻訳，そしてそれらに基づく法案の起草作業であった。こうした職務を行ううえでは血縁や地縁は関係なかったため，幕臣や佐幕藩出身者でも優れた学識を具えていれば，薩長閥が権力の中枢を占める政府のなかで必要とされる存在になりえたのである。

61）　長尾龍一「井上毅と明治皇室典範」（初出1987年）同『思想としての日本憲法史』（信山社，1997年）46頁。

1　近代法の翻訳者たち（1）

　しかしながら，明治20年代に入ると，近代法継受の担い手は外国人法律家から，「民法三博士」に代表される自国人法律家へと移っていった。旧刑法・旧民法の改正作業はまさに立法作業の中心が外国人法律家から自国人法律家へと移行したことを象徴するとともに，非西洋世界における近代法の「自生化」を印象づける出来事であった。これとともに近代法の翻訳者もその重要性を失っていったのであり，例えば，法典調査会における箕作の扱いに対する磯部四郎の憤り（＝「同じ委員仲間の大學の腐れ教授などが，青二才のくせに，自分が大学教授だとか，何だとか云ふので，生意気に，箕作先生の事を，同等の言葉を使つて，「箕作君」とか，何とか言つて居た，我々は，常に，それを聞いて，先輩を軽蔑する奴だと思つた」[62]）はこのことを良く示すものだといえよう。

　山県有朋と近しい関係を築くことに成功した平田東助のように，近代法の翻訳者のなかでも藩閥有力者と結び付きを持つことができた者は高等行政官僚・政治家への道を歩み出したが，山脇は特にそうした縁を持つことはなかった。

　近代法の翻訳者として極めて重要な役割を果たした山脇が，1893（明治26）年3月に法制局参事官（部長）から移動したのは行政裁判所評定官であった。その職務内容は法制に通暁した彼に適役だったといえる。しかし，専門性を高めすぎたために逆に官僚としての汎用性を失った近代法の翻訳者たちは行政裁判所などにしか行き場がなく，それゆえ彼らの一部は行政裁判所評定官が司法官なみに身分保障されていたことを幸いに非常に長い期間その職にとどまったのである。例えば，外交官としてウィーンで勤務していた際にシュタインに学び，伊藤博文の知遇を得て制度取調局で近代法の翻訳者の役割を果たした長岡藩出身の渡邊廉吉などは，1893（明治26）年4月から1922（大正11）年2月まで約30年間行政裁判所に勤務した。そして山脇もまた，1893（明治26）年3月に着任してから1913（大正2）年6月まで約20年にわたって勤務し，行政裁判所長官として行政官としてのキャリアを終えたので

---

[62]　「磯部四郎氏の談（三十四年八月三日）」大槻・前掲注(9)，115頁。

4．むすびにかえて

　ある。
　一方の守屋は，山脇が法制局から行政裁判所に異動した直後の1893(明治26)年11年に内務省雇として衛生局に勤務することになったが，このとき衛生局長を務めていた後藤新平との出会いが彼のその後の人生に大きな影響を及ぼした。守屋に課せられた職務は相変わらず翻訳であった。衛生局では「獨逸醫事衛生制度の調査飜譯」[63]を行い，日清戦後の1895(明治38)年に勤務した臨時陸軍検疫部（陸軍雇）では以下のような職務を課せられたという。

> 檢疫の方法に關しては，幸にも同年の新版に係る，獨逸國陸軍々醫正大學教授ドクトル・プール氏著述の，消毒所及消毒装置と題する書，同國ハルブルグ市の海港醫官ドクトル・ノホト氏著述の，船舶消毒法と題する書，此二書を得て飜譯したのであるが，其擔任者は守屋君であつた。是は消毒法論と題して臨時検疫部から出版されたので，當時に在つては，唯一無二の參考書であつた [64]。

　こうした仕事ぶりが評価されて，1896(明治29)年に後藤が台湾に赴くことになったときに守屋は同行を求められた（台湾総督府製薬所属）。来台当初こそ「まだ臺灣施政草創の時代で，是と云つて別段定まつた仕事もなく，（中略）毎日民政長官々舎でゴロゴロしてゐるに過ぎなかつた」[65]が，1898(明治31)年4月に官を辞し，翌月，台湾日報社と台湾新報社とが合併し創立された台湾日日新報社の社長に就任した。こうして10代後半から始まった守屋の翻訳者人生は幕を閉じたのである。
　守屋いわく「臺灣日日新聞の成立は，兒玉總督，後藤民政長官着任後，有力なる機關新聞の必要を認め」[66]て行われたという。守屋は「總督府官吏の横暴専恣を抑止し，一般民を監督指導」することが「植民地新聞たる本領」との立場から台湾日日新聞を経営し，「模範的植民地新聞の魁であるといふを妨げぬ」[67]と自画自賛するほどの成功を収めて，一躍台湾における名士の

---

63) 石原幸作「亦堂先生の思ひ出」関野・前掲注(44) 61頁。
64) 高木友枝「守屋善兵衛君の憶ひ出」関野・前掲注(44) 93頁。
65) 鈴木伊十「情意兼瀠る人格者」関野・前掲注(44) 112頁。
66) 守屋善兵衛「創刊の回顧」関野・前掲注(44) 69頁。
67) 同上，67頁。

1　近代法の翻訳者たち（1）

仲間入りを果たしたのである。ちなみに台湾に移ってからも山脇との関係も切れていなかったようで、山脇は『台湾日日新報』にたびたび登場した[68]。山脇は後に台湾議会設置請願運動の貴族院における紹介議員となり、その死（1925年10月）は台湾人政治運動家たちの刊行する新聞でも報じられたが、山脇が台湾と関係するきっかけを作ったのは守屋だったと見られる[69]。

その後1911（明治44）年8月に大連満洲日日新聞社社長に就任する。後藤の下で台湾総督府総務局長を務め、後藤の後を継いで南満州鉄道株式会社総裁になった中村是公の懇請によるものだったという。1916（大正5）年2月に同社の社長を辞して帰国し、いくつかの会社の創立・経営に関与した後に1930（昭和5）年12月に逝去した。満洲日日新聞時代の部下で伝記の編者でもある関野直次は、守屋と後藤との関係を以下のように記している。

> 守屋氏ガ其後半世ヲ約三十年ノ長キニ亘リ終始一貫後藤新平伯ノ爲ニ竭セル功績ハ伯ノ周囲ノ普ク知悉セル所ニシテ其功ノ多ク寧ロ酬ヒラル、所勘カリシハ私カニ伯側近者ノ同情禁セサル所ナリ（以下略）[70]

この文章は、後藤の「影」として生きた後半生だけでなく、翻訳者の一人として近代法の継受に携わった前半生についてもあてはまるものであろう。現在に連なる「近代法の世界化」の第一歩となった日本における近代法の継受は、こうした「無名」の人々なくしては実現することはなかったのである。

【附記I】
資料の閲覧・問い合わせに関して、獨協学園史調査研究資料センター、福井県文書館、目黒区立八雲中央図書館の関係者の皆様に大変お世話になりました（機関名50音順）。この場を借りて厚くお礼申し上げます。

---

68)「祝詞」『台湾日日新報（以下、台日）』（1908年5月3日付）、「今後の社会と婦人（1〜4・完）」台日（1918年10月8日付、12日付、14日付、15日付）「家庭生活を根本的に改造せよ」台日（1925年2月18日付）、「欧州婦人と我国婦人その比較（1〜4・完）」台日（1925年5月28日付、30日付、31日付、6月1日付）など。
69)「台湾議会請願紹介議員　山脇博士死去」『台湾民報』第74号（1925年10月11日付）。
70)「守屋善兵衛年譜」関野・前掲注(44) 245頁。

〔小野博司〕

4．むすびにかえて

【附記Ⅱ】
　本研究は，2012・2013 年度科学研究費基盤研究(B)「日独法学交渉史の総合的研究」（研究代表者：ハンス・ペーター・マルチュケ同志社大学大学院司法研究科教授／課題番号：24330006）による支援を受けて得られた成果の一部である。

2　法的支援におけるアウトリーチとは
――法テラスの原発被害への実践から――

吉岡すずか

【要　旨】

　本稿は，昨今，法的支援の文脈において支援の形態を説明する言葉であるアウトリーチについて着目し，これまでの状況を法テラスの取組みを中心に確認し，海外の先行研究を参照しつつ，日本の現状における問題点を考察するものである。そして，原発事故問題へのアウトリーチを推進する上で考慮すべき要因を整理するとともに，震災以降にみられる弁護士の新たな活動領域と役割期待について論じている。また，社会資源と積極的に接続したり，コーディネートを実施する役割者をいかに養成するかについて，政策を推進する上での課題を示すものである。

　各章で述べる内容は以下の通りである。第1章では，アウトリーチという言葉について，日常的場面での意味を確認し，法的支援の文脈においてどういったかたちで用いられるようになったのか変遷をたどる。その上で，総合法律支援において，アウトリーチという支援の位置づけを確認するということで法制度上からの検討を行う。第2章では，法テラスのアウトリーチの実践について，2011年3月11日の東日本大震災・原発事故前，以降の活動といった形で整理する。第3章では，第2章までの検討をふまえて，日本における法的支援のアウトリーチについて問題点を提起する。具体的には，法的支援における"アウトリーチ"の定義や概念の問題について，海外の研究を参照しつつ，概念を構成する重要な要素を整理し，アウトリーチを実施するロケーション別のモデルを説明する。第4章では，原発事故被災地へのアウトリーチをいかに考えるべきか，政策設計において考慮する必要がある要因について，これまでのアウトリーチの実践と異なる点があることを指摘し，それらが，(1)ニーズの存在の前提，(2)原発事故被害の特性，(3)被災地固有の事情，(4)特殊性によると説明し，第3章の検討をまじえ対象地域固有の事情と，原発問題という特殊性を入念に検討する必要があるとする。第5章では，海外の状況との比較ということで，自然災害大国で日本と同様の法律

2 法的支援におけるアウトリーチとは

扶助のスキームをとっているオーストラリアでの成功事例を紹介する。終章では，東日本大震災・原発事故後の復興・被災者支援において，弁護士の活動領域に関する変化と注目が集まっていることを指摘する。従来とは異なる弁護士像がどのようなものかを説明し，弁護士が社会資源を接続したりコーディネートする役割を担うことの適否を検討する。さらに，そういった新しい弁護士モデルの担い手をいかに養成するかについて，現時点で考えうる可能性として，(1)法テラスの常勤弁護士が果たす役割，(2)都市型公設事務所の地域ネットワーキング活動，(3)法科大学院での臨床法学教育との協働という3つの可能性を示す。そして，アウトリーチの経験的研究がわが国において急務であることを述べる。

は じ め に[1]

昨今，法的支援の文脈において，アウトリーチという支援形態をしめす用語が使用される頻度が高まってきている。本稿は，日本司法支援センター（以下，法テラスという）が進めてきた原発被害へアウトリーチして実施する法的支援の実践をとりあげ，2011年3月11日の東日本大震災・原発事故前，以降の活動といった形で整理したうえで，①法的支援における"アウトリーチ"使用の変遷，定義や概念の問題について，海外の研究を参照のうえ整理し，②現在までのわが国の状況について問題点を検討し，③実効的なアウトリーチ活動をなすにはどういった要素が必要となるかについて，考察を試みるものである[2]。

---

1) 本研究は，科学研究費補助金の若手研究(B)(25870316)「司法と福祉支援職の連携・ネットワークの諸要因に関する研究」および基盤研究(B)(24330005)「災害の事後処理と被害予防・復興促進における法の役割——国際的視点から」（代表：村山眞維教授），日弁連法務研究財団研究番号(101)「法テラスのスタッフ弁護士による関係機関との連携及びこれを活用した紛争の総合的解決と予防に関する検証調査」（研究主任：濱野亮教授）の助成を受けた研究成果の一部である。
2) 本稿は，2013年度日本法社会学会学術大会におけるミニシンポジウム「原子力損害賠償の現状と課題(2)～賠償申立への法的サポートをどう拡大するか～」での個別報告「"アウトリーチ"の現状と課題 法テラスの実践を中心に」を大幅に加筆修正したものである。なお，記述内容はすべて2013年5月1日時点の状況にもとづくものである。

1．アウトリーチとは

1．アウトリーチとは

(1) 日常用語としてのアウトリーチ

アウトリーチ（Outreach）は，英語では，手を伸ばすことを意味するが，わが国では，もともと福祉の分野における用語として広がり，援助が必要であるにもかかわらず，自発的に申し出をしない人々に対して，医療・福祉等の支援関係者が直接的に出向いて必要とされる支援に取り組むことを意味するとされてきた。昨今では，福祉・医療等の支援領域に限らず，より広義において用いられるようになり，芸術領域での公共的文化施設など地域社会への奉仕活動[3]，地域まちづくりにおける公共機関の現場出張サービス等の意味においても多用されるようになっている[4]。

さらに，アウトリーチの用語は，科学技術分野においても用いられている。これは，研究機関や研究者が，研究成果を国民に周知する活動を指しており，政府から研究費の補助を受けた場合の義務として国際会議やシンポジウム等を開いたり，広く一般向けに成果を公表し世に知らしめるための講演，研究施設の一般公開等もアウトリーチ活動に含まれる。このように，現在，アウトリーチが日常的に使用される領域や文脈は多岐にわたっている。

(2) 法的支援の文脈でのアウトリーチ

では，法的支援において，アウトリーチはどのようにして用いられてきたのだろうか。用語の使用が目立ち始めた時期は，日本司法支援センターの常勤弁護士（以下，スタッフ弁護士という）を中心とした連携の取り組みの報告

---

[3] 芸術文化領域でのアウトリーチは，劇場，美術館，ホールで客を待つスタンスではなく，アーティストが，市民の生活の場（館外）で，自ら劇場などに出向かない人々に対し，芸術に関心のある層を増やすことを目的として，出張コンサートやイベントなどを行う活動を指し，対外的な広報活動をすることである。

[4] まちづくりにおけるアウトリーチは，実際に住民のもとへと，まちづくり行政に携わる関係者が出向き，直接的に意見募集を行うといったことである。このようなアウトリーチの効果としては，これまでに掬い上げることのできなかった市民の意見をきくことや，行政職員やまちづくり関係者が直接的に住民と対話することによって，地域社会において行政と住民の交流が深まることによって社会資本の充実が図られることが期待されている。

2 法的支援におけるアウトリーチとは

が活発になされるようになった頃といえる。スタッフ弁護士は，2006年の法テラス設立と同時に制度化され，1期生が誕生した。スタッフ弁護士は，1期生をはじめとして地域における関係機関との連携に精力的に取り組み，さまざまな実践が生まれ，その取組みが全国的に広がりをみせていった。スタッフ弁護士によるさまざまな連携活動のパターンの一つとして，およそ弁護士が出向かないと想定される場所へと赴き，法的支援を行うといった弁護士側からの当事者への接近的支援が，とりわけ先駆的な試みとして，アウトリーチとして表現され，報告されるということがなされるようになった[5]。要するに，アウトリーチは，連携活動のパターンの一つとして広まっていったと考えることができる。

弁護士が自らの連携活動の実践説明としてアウトリーチという用語を掲げることは，福祉関係者にとって，それがもともと福祉の世界の用語であり親和性を帯びていることや，従来の福祉行政職の間では想定されていなかった，弁護士が自ら出向いて支援を行うということで，良い意味で刺激となり，共感と理解が生まれたことで社会福祉領域との連携活動がより促進していった側面があると評価できよう。

上記までみたように，法的支援の場面において，アウトリーチは，連携の先駆的実践の態様を表現するタームとして積極的に用いられるようになったが，2011年3月11日の東日本大震災および福島第1原子力発電所事故を契機に変化がみられるようになる。未曾有の被害に対応するため，法律相談をはじめとして展開された法的支援活動では弁護士がさまざまな土地の避難所に直接出向いて法律相談を行うということが要請された。従来の待機型法律相談が全く機能しなくなったということで，弁護士側から支援を必要とする人々のもとへと接近し，法的支援を行う形態を説明する用語として，アウトリーチの使用が急速に普及し，弁護士の活動の変化として広まり定着していった[6]。すなわち，連携に熱心な弁護士の間のみならず，一般の弁護士に

---

[5] 吉岡すずか「スタッフ弁護士の可能性――関係機関との連携における実践」自由と正義61巻2号（2010年）103-110頁。

[6] そのことにふれる一例として，座談会「被災地におけるコミュニティの再建と法律

1．アウトリーチとは

よって，法的支援の文脈において，ごく普通にアウトリーチの用語が用いられるようになったといえよう。

(3) 総合法律支援からみたアウトリーチ（制度上の関係）

このような法的支援の文脈でのアウトリーチについて，法制度から改めてあり方や意義を問うということは，これまであまりされていなかったようである。このことは，1つには，法律扶助制度が想定する利用対象者層には，高齢者や障碍者といった，福祉領域での支援が必要な方が多く含まれるということ，また，2つには，これまでアウトリーチが連携の文脈で語られてきたことによれば，総合法律支援法上に連携に関する責務が規定されている（総合法律支援法第7条，第30条第1項第6号）ことからも，不自然なことではないようにみえる。

本稿では，あえてその必要性や位置づけを確認的に検討してみたい。アウトリーチという概念から想起さるクライアントの属性，つまり支援者側から接近する必要がある対象であるが，総合法律支援法の規定としては，第32条第1項の法テラスの利用者への配慮義務がある。また，同第32条第2項では，特に高齢者または障碍者等，法による紛争の解決に必要な情報やサービスの提供を求めることに困難がある者である場合には，その行う業務が利用しやすいものとなるように特別の配慮をしなければならないという規定があり，その根拠になるのではないかと考えられる。

さらには，連携の規定である同法第30条第1項第6号については，立法担当者によれば，法テラスが連携の確保および強化を行うべき機関，団体は，広い意味で法律サービスや法律的保護を要する者の司法アクセスの実現に関係している機関，団体であり，そのうち高齢者または障碍者の援助を行う団体その他の関係する者との間における連携の確保については，衆議院での入念的修正として設けられた経緯がある[7]。これらが，法テラスがアウトリーチを積極的に推進していくにあたっての法的根拠と考えられうる。

家の役割」法学セミナー685号（2012年）2-14頁。
7) 古口章『総合法律支援法／法曹養成関連法』（商事法務，2005年）64-65頁。

2．アウトリーチの実践　3.11以前・以後

(1)　アウトリーチの実践　3.11以前

　本章では，法テラスのアウトリーチの実践について，3.11以前，以降という形で整理する。第1に，先ほどみたように，2006年10月から法テラスが業務を開始し，スタッフ弁護士1期生を中心とした関係機関と連携を図る取組みが次第に報告されるようになっていった。そして，その精力的な活動の中から，先駆的な試みとしてのアウトリーチが提唱されていった[8]。

　スタッフ弁護士は全国に派遣されるため，都市部および司法過疎地の双方においてアウトリーチの実践が見られるが，司法過疎地においては，より際立った形でその実践が観察されるようである。

　これは，司法過疎地は，往々にして，都市部のように交通網が発達していない地域である場合が多く，また，市町村合併による広域行政地であることが少なくない。地理的に，山村や独立した集落等，隔絶性を帯びる地域が多く含まれることから，例えば，自動車で数時間かけ山を越え，人里離れたところにひっそりとある，トラブルを抱えた一軒家に車で行くといったように，よりダイナミックな形での接近的移動になるということがあるからだと推測できる。

　第2に，2010年前後から，法テラスが組織をあげて連携を重視し，積極的にその業務活動として対外的にアピールしていったということがある。そして，スタッフ弁護士の連携の実践は組織的な展開をみせていった。2010年末頃からは，スタッフ弁護士の間で，福祉関係者との連携にさらに注目がなされるようになり，スタッフ弁護士の役割の1つとして打ち出されていた連携活動の枠を超え，"司法ソーシャルワーク"という活動が提唱されるようになっていった[9]。その後，スタッフ弁護士の連携の実践は全国的に拡大

---

[8]　取組みの報告として本林徹・大出良知・土屋美明・明賀英樹編『市民と司法の架け橋を目指して　法テラスのスタッフ弁護士』（日本評論社，2008年），吉岡・前掲注(5)105-106，108-109頁。

[9]　太田晃弘・長谷川佳予子・吉岡すずか「常勤弁護士と関係機関との連携　司法ソーシャルワークの可能性」総合法律支援論叢第1号（2012年）103-148頁。

2．アウトリーチの実践　3.11以前・以後

し，赴任地固有の事情に応じた創意工夫と弁護士の得意分野を生かした多様な活動の報告がみられるようになる。

(2) アウトリーチの実践　3.11以後

次に，3.11以降のアウトリーチ実践についてみてみたい。震災，原発事故後，福島の法テラススタッフ弁護士らを中心として，被災地における積極的な支援が報告された。具体的には，避難所で人工透析を受けている患者グループを発見し，食事内容について大変問題を抱えている事態を問題視し，その改善に向けて，弁護士会のバックアップを要請したり，行政への直接的な折衝を行うといったことや，マスコミの活用等を通じて，最終的に提供される食事内容を改善へと導いていった事例等がある[10]。

こういった取組みが被災地から報告されるのとほぼ同時期に，法テラスは組織的な取組みの旗幟として"司法ソーシャルワーク"を提唱するといったことを始め[11]，全国のスタッフ弁護士の間にもそういった取組みへの認知が加速度的に高まっていった。

震災，原発事故以降における法テラスの組織的なアウトリーチの実践としては，原発被害相談対応としての被災地出張所の設立が大きいものといえるであろう。2012年9月末に，浪江町からの避難者が多いということで，二本松市に法テラス二本松が，2013年3月中旬には，双葉郡広野町に法テラスふたばが開始した。当初みこまれた原発関係の相談，また，そのために出張所を設置したわけであるが，法テラス二本松については，2013年1月時点では，原発被害を含めた被災関連の相談件数はさほど多くはない。もっとも，出張所の設立以降，一定数の相談件数が蓄積されているが，これらは金銭貸借，離婚，家事関係といった一般的法律相談の内容で，司法過疎地であった現地の潜在的リーガルニーズをすくい上げ，その受け皿となったと解

---

10) 加畑貴義・頼金大輔「被災地弁護士の6ヶ月」日本弁護士連合会主催・スタッフ弁護士経験交流会報告（2011年9月23日，於：全国町村会館）。
11) もともと，司法ソーシャルワークという用語はスタッフ弁護士による現場の報告で用いられていた実践的説明（アカウント）であった。サービスのプロバイダが用いる用語としての問題点や課題については，吉岡すずか「サービスの受け手のための『司法ソーシャルワーク』」月報司法書士505号（2014年）15-20頁。

釈できるものであろう[12]。

また、出張所では巡回相談等を行うということで、「法テラス号」という移動相談車両を常備するということで大々的にプレスリリースがあり、諸外国でみられる出張アウトリーチの支援の形態として期待が高まっていたが、2013年2月時点までの状況に限ると、当初の目的どおりの出動回数というものは非常に少ないようである。

以上、アウトリーチということに限定するならば、法テラスの被災者支援は、現時点では、期待されるほどには機能していないと言わざるを得ないものである。では、より実効的なアウトリーチとして機能させるためにどういったことが必要なのかを次章で検討することにしたい。

3．アウトリーチ再考

(1) 定義と用法における問題

では、上記までの検討をふまえたうえで、アウトリーチの定義、概念等について海外の先行研究を参照して、再考してみたい。海外のアウトリーチ研究では、その定義についての問題提起がなされている。McGivney（2000年）によれば、"アウトリーチは、明確な定義を欠くのに、実務家によって"loosely"に扱われることが多く、文献においてもその意味について問うことがほとんどない傾向にある"と[13]。すなわち、アウトリーチは明確な定義を欠くのに、実務家によって、むしろ漠然とした形で使われがちで、文献においても、その意味について問うことがほとんどない傾向にあるという指摘がなされている。

アウトリーチという用語は、しばしば、対象となるサービスが通常受けられない、そのサービスにアクセスできない場所で提供されるもので、それら

---

[12] 被災地出張所の概況と法律相談件数及び内訳については、『法テラス白書平成23年度版』（日本司法支援センター、2012年）12-15頁。ただし、法テラス二本松は開設からまもないこともあり、また、法テラスふたばは開設前であるため、法律相談実施状況についての記載はない。

[13] McGivney, V. Recovering outreach: Concepts, issues and practices.（National Institute of Adult Continuing Education, 2000）.

3. アウトリーチ再考

の場所は，たいていはコミュニティに基盤を持つ場所であることが多く，対象となる人々やグループへの地理的近接性という利益を意味するときに言及されたり，用いられたりするものである。そして，ロケーション（アウトリーチする場所）というものが重要な意味を持つと考えられる。

(2) 概念を構成する要素

Dewson et al. (2006年) は，アウトリーチ概念の主たる要素として，2つ指摘している[14]。1つが，client engagement, vulnerability（被害を受けやすく），disadvantage（不利な立場），とりわけ，hard to reach（到達しにくい）といったもので，メインストリームのサービスを使わない，アウトリーチの供給の受け入れを必要とする人々のグループを示す文脈で用いられることが多いということである。メインストリームのサービス供給よりも，アウトリーチによりアクセスされうる，不利な立場にあって到達しにくい個人を助けると期待されるものである。

もう1つのアウトリーチ概念の主たる要素として指摘されているのは，パートナーシップとネットワークである。つまり，関係性の構築ということが重要とみなされているということである。ここでの関係性というのは，他のサービスプロバイダとの間のパートナーとしての関係，また，ユーザーとの関係性，そして潜在的ユーザーとの関係性がアウトリーチの供給の成功に関わるということである。

(3) ロケーション別アウトリーチモデル

上述したようにアウトリーチを行うロケーション，場所というものが重要であるが，それに基づき類型化したものとして，以下のような4つのアウトリーチモデルが提示されている[15]。

---

[14] Dewson, S., Davis, S. and Casebourne, J. Maximising the Role of Outreach in Client Engagement. (Department for Work and Pensions Research Report 326, 2006). また，Alexy Buck et al. Outreach Advice for Debt Problems: Research and Evaluation of Outreach Services for Financially Excluded People. (Legal Services Commission, 2009). も参照されたい。

[15] McGivney. *Supra* note [13]. Dewson, et al, *Supra* note [14].

第1のものが，出先施設設置（サテライト）型で，施設を新しく設置するというモデルである。第2のものが，巡回型であり，すでにある既存の施設，コミュニティセンターなどを利用して相談等を実施するモデルである。第3のものが，施設外アウトリーチ型である。これは，ショッピングセンターや集会所等，人々が集まるところ等に出かけていくというモデルである。最後の第4のものが，住居訪問型であり，クライアントとなる人々の住居に赴くというモデルである。

　上記4つのモデルを参照するならば，法テラスが原発被害対応ということで新しく設けた被災地出張所は，第1のサテライト型に該当すると考えられるよう。また，原子力賠償支援機構が実施している相談事業は，仮設住宅への訪問であるため，第4モデルの住居訪問型に該当すると考えられる。

4．原発事故被災地へのアウトリーチをいかに考えるべきか

　原子力賠償支援機構の仮設住宅への巡回法律相談事業は，2013年4月時点で9巡目に入った。地域社会に非常によく入り込んでおり，いわば，アウトリーチに成功しているといえよう。

　アウトリーチのロケーションの重要性から見ると，コミュニティに基盤を置くアウトリーチ（community based outreach）というものは，脅かされない環境下で，安心できる場所である必要があり，クライアントが信頼を持てる場所であるべきだという指摘がなされている。特に，アウトリーチによる支援対象となることが多い地方や過疎地では，相談へ行くということ自体を人に見られるのを嫌う傾向がある。法的サービスの新規投入や配置においては，立地の場所について，プライバシーが保たれるようなレイアウトや設備への配慮が必要であることは，これまでもわが国において多くのところで指摘されていることである。

　ここからは，原発被災地域へのアウトリーチで考慮する必要のある要因を整理したい。もちろん，被害にあった人々は極めて広範囲にわたって全国に拡散する形で避難しており，そういった人々へあまねく法的支援をアウトリーチして供給するということは不可欠の課題ではあるが，本稿では，原発

4. 原発事故被災地へのアウトリーチをいかに考えるべきか

事故被害地を対象に限定して考えるものとする。まず，これまでのアウトリーチの実践と何が違うのかについて検討したい。

(1) ニーズの存在

第1には，前提の明らかな違いとして，被支援対象ニーズが明らかに存在すると考えられるところである。これまでのアウトリーチで前提とされてきたのは，おもに，埋もれている，あるいは，最も司法アクセスから離れているとみなされてきた支援を要する人々であった。こういった要支援者は，発見そのものに他者の介在や援助が必要で，さらに，そこから支援者への誘導が必要だと考えられてきた。法律専門家の視点においては，掘り起こす，見つけるといった要素が強かったということがいえよう。しかし，ここで検討するアウトリーチは災害被害支援におけるそれであり，現実に被害が存在し，しかもそれが真に甚大な被害であることから，法的支援へのニーズの存在が前提とされるという点が大きく異なっている。

(2) 原発事故被害の特性

第2の点は，原発事故被害の特性をもっと考える必要があろうということである。福島第一原子力発電所事故による被害の特性として，1.大規模性，2.継続性・長期化，3.全面性，4.不可予測性という4つの性格が指摘されている[16]。小島（2011年）によれば，1.大規模性というのは，被害者数や被害が前例のないものであり，また，避難対象となっている区域の広範さといったことである。第2の継続性・長期化は，高濃度汚染地域の浄化は著しく困難で長期化するということで，加害行為の継続性という点では，公害と共通する部分でもある。第3の全面性は，生活，経済の全面的破壊である。住民が避難を余儀なくされ地域社会が丸ごと消失しているような場合であり，そういった地域における事業の営業再開は現実として不可能であり，復興や回復という選択をとることができない場合があるということである。第4の不可予測性というものは，低レベルの放射線によってどのような健康被

---

16) 小島延夫「福島第一原子力発電所事故に関する損害賠償とそれに関連する諸問題」自由と正義62巻12月号35-46頁（2011年）．

害が生じるのか，科学的に解明されていない点で，被害の予測が完全にはできないという特徴である。

さらに，4点目の不可予測性については，災害からの時間的経過によって，支援ニーズ自体が変化し得るために，どういうサポートが将来的に必要になってくるかも分からないといった不可予測性も付け加えられるのではないかと考えられる[17]。

上記まででみたように，異なる特性を複合的に有する問題（原発事故被害）に対する法的支援のアウトリーチはどういった要請を受けるのか，そういった視点が必要ではないかと考える。

(3) 被災地固有の事情

第3に，被災地固有の事情といったことも考慮すべき要因と考える。これは，現地で報告されているもので，原発被害に遭った人々が法的手段を積極的に利用したり，選択したりすることに対しての躊躇が見られるといったことがどうして生じるのかということを正面から考えるということである。

被災地の地域性として，真っ先に前提とする必要があることは，司法インフラ不足に起因するものであろう。事故前から，被災地はもともと司法過疎地であり，そして，法律専門家を利用したり，受け入れることへの抵抗があると指摘されてきた。佐藤（2013年）によれば，被災地の特徴として，専門家資源の過少が，とりわけ阪神大震災との対比からも顕著であるという[18]。すなわち，被災地（3県）はもともと弁護士が少ない地域で，各県内の弁護士分布の濃淡も顕著であり，また，法律専門家以外の専門家もおしなべて少なく，その不足を部分的に代替してきた行政の機能麻痺状態に陥った。よって，専門家資源投入は今回の復興支援（法的支援）の重要な課題ということになる。

---

17) 不可予測性には，災害からの時間的経過による支援ニーズの変化（1初動，2応急，3復旧，4復興，および1避難所，2仮設住宅，3新住居の段階に分けられる）もあるといえよう。
18) 佐藤岩夫「『司法過疎』被災地と法的支援の課題」世界2013年1月号（2013年）189-196頁。

4. 原発事故被災地へのアウトリーチをいかに考えるべきか

このような特性をもつ地域には，遠方からの応援といったことは非常に難しく，地域定着型の支援が必要になってくる[19]。特定の弁護士が地域に常駐することで，長期的，継続的支援が初めて可能になってくるということがいえよう。

(4) 特　殊　性

最後の点は，今回のケースに特殊なもので，紛争相手方である東京電力との歴史的な社会関係構図が存在する中での紛争発生であるということである。被害のあった地域では，家族，親族関係者の間に，誰か必ず1人は東電関係者がいるという。長らく東電が生活基盤を支える存在であり，地域に経済的活性化，インフラ整備や文化的恩恵をもたらしてきた土壌があるわけで，そういった相手ととことん争うことができるかという微妙な問題がある。法的手段利用に関わる選択・決定に心理的な影響を及ぼしているということは法律家も指摘していることである[20]（渡辺2012年）。

このように，支援サービスを投入配置する場合には，どういった地域においてそれを実施するのか，その地域がどのような社会的文化的特性を帯びているのか，これまで司法サービスがどういった状況であったのかを入念に検討することが，非常に重要である。アウトリーチにおいて，ロケーションを考慮することが重要であるということを前章でみたが，司法サービスを対象とする法社会学研究においては，もっと地理的要因を考慮したり，地域研究をはじめとする関連研究の方法論を取り入れる必要があると考える[21]。

---

19) 佐藤岩夫「東日本大震災と司法アクセスの課題」司法アクセス学会第5回学術大会（2011年12月10日，於：弁護士会館）。
20) 渡辺淑彦「現地から見た被災者への賠償の状況」村山眞維編『シンポジウム「原子力損害賠償の現状と課題」』（明治大学・法と社会科学研究所，2013年）109-115頁。
21) 吉岡すずか『法的支援ネットワーク』（信山社，2013年）。

5. 比較：自然災害大国オーストラリアの実践から

　次に，比較からの視点として，日本と同じく自然災害大国であり，かつ日本の法律扶助と同様に契約弁護士とスタッフ弁護士の混合方式を採用しているオーストラリアの実践をごく簡単にとりあげたい。

　オーストラリアは，2009年にビクトリア州での山林火災，2011年にはクイーンズランド州での洪水被害を経験しているが，現地支援本部でのスタッフ弁護士と一般弁護士の協力および役割分担による支援が円滑になされた事例として報告されている[22]。その主たる成功の背景には，1つは，各関係団体や異なる組織から構成されるワンストップ型の無料の法的支援を行う統一組織体が結成されたということがある。各団体が組織の枠を超え，それぞれの知識，技術，人材を結集するということがなされたということである。

　もう1つの背景には，コミュニティリーガルセンターというものの存在がある。これは，地域に根ざし基盤を持った非営利の独立組織で，その数は国内200を超えるというものである。この存在が，非常に重要な役割および機能を果たしたということがある。

　上記のとおり，アウトリーチにおいてはプロバイダ間のパートナーシップ，関係性の構築が大事だということ，また，コミュニティにベースを置くアウトリーチでは，その場所が利用者にとって信頼の持てる場所である必要があると指摘されている。オーストラリアの実践は，法律扶助の従来の支援スキームによる援助対象の捕捉方法（資力証明書と住民票による個別的審査による援助）では捉えられない災害被災者，すなわち集団被害や社会的排除を受けている人々への法律扶助のあり方としても，示唆に富むものといえる[23]。

---

22)　日本司法支援センター『ＩＬＡＧ 2012報告書「公共法律サービスの変容──効率化と多様化への転換──」』（日本司法支援センター，2013年）53-62頁。
23)　寺井一弘『法テラスの誕生と未来』（日本評論社，2011年）74頁。

6. 課題

(1) 弁護士の新たな活動領域と役割期待

　東日本大震災発生後，復興・被災者支援において，弁護士の活動領域に関する変化に注目が集まっている。震災を前後とした関係機関との連携活動，そして，3.11以降に顕著に現れ報告されるようになった弁護士の新たな活動は，弁護士への新しい役割期待をしめすものであるとともに，従来とは異なる弁護士像で，伝統的な活動領域からの広がりの可能性をしめすものとも考えられる[24]。

　例えば，まちづくり条例制定等への関与や権利擁護への対応，行政の福祉機能を担うこと，あるいは，住民側のニーズを吸い上げるといった地域福祉行政に積極的に関与する弁護士像というものである。支援する問題が必ずしも法的問題ではない場合においても弁護士が関与し，関係者に働きかけを行うことによって，停滞していたような状況が動いたり，物事が円滑に運んだりといったことがあり，第2章で紹介した被災地におけるスタッフ弁護士の活動等が代表例である。

　他方で，行政側にも，法律家に求めるニーズがあり，弁護士に対しての役割期待として，コミュニティリーダー，あるいはインテリジェント，立法能力を備えた専門家としての期待が一層強まってきたということがいえる。例えば，災害発生直後でいえば，自衛隊要請，地域への対処といった非常時の対応についての回答を法律家に求めたいニーズがあったと報告されているし[25]，復興段階に移行してからは，プラン策定における委員会等のメンバー

---

[24] 例えば，瀧上明「弁護士像を考える——被災地での実務経験を通じて」法学セミナー685号（2012年）23-26頁。

[25] 坂本（2005年）によれば，震災時の法律相談活動は不安と混乱の極にある被災市民に適切な情報の早期伝達をはかり，パニックを防止する機能を有する（坂本秀文「日弁連・弁護士会連合会の支援活動」自由と正義56巻1号（2005年）33-36頁。もっとも，東日本大震災のような大規模発生直後の段階で，法的支援の場で指摘されることに，必要とされるのは法律ではなく行政手続や立法提言だということがある。有事での，とりわけ災害発生から間もない初動時の支援においては，法律を超えていく発想と勇気づけ（エンパワメント）が必要とされる。

に弁護士は必ず組み込まれる傾向があり，そこでは，利益齟齬のチェック，手続保障，人権保障をはかれることが期待されている。もっとも，こういった行政側からのニーズは平時においても一定程度存在するものであろうが，有事の場合や大規模災害からの復興に至るまでの段階ではより顕著なかたちであらわれるものといえよう。原発問題は，第4章(2)でも記したように，大規模性，継続性・長期化，全面性，不可予測性といった特性を有するために，災害において最もこのような期待が高まると考えることもできよう。

ところで，社会資源と積極的に関わりを形成したり，あるいは，問題に関係する異なる社会資源を接続したり，さらには，地域において支援を行うグループや組織間のコーディネートをする役割については，法律専門家の中でも弁護士が適任である，あるいは弁護士である必要があるという視点もありうるといえる。

例えば，総合法律支援は，「裁判その他の法による紛争の解決のための制度の利用をより容易にするとともに弁護士および弁護士法人並びに司法書士その他の隣接法律専門職者のサービスをより身近に受けられるようにするための総合的な支援」と表現され（総合法律支援法第1条），その実施および体制の整備については，「民事，刑事を問わず，あまねく全国において，法による紛争の解決に必要な情報やサービスの提供が受けられる社会を実現する」（同法第2条）という総合法律支援の基本理念にのっとり，国，地方公共団体，法律専門家，法律専門家の団体，隣接法律専門職種者および隣接法律専門職種者団体に対してそれぞれの役割に応じた責務が規定されている。そして，弁護士および弁護士法人が当然に会員となる弁護士会および日本弁護士連合会については，隣接法律専門職団体よりも重い責務が定められている（同法第10条）。

このことは，立法担当者によれば，法律専門家のうち弁護士は民事の分野で訴訟代理を初めとする広範な活動をすることが期待され，また，刑事の分野では弁護人となることのできる唯一の資格者であり，総合法律支援の実施および体制の整備の上で弁護士会および日本弁護士連合会が果たす役割はきわめて重要であることを考慮したからだという[26]。

〔吉岡すずか〕

6. 課　題

(2) 担い手をいかに養成するか

　では，このような取り組みが広く展開されるために具体的な課題となるものは何か。ここで問題となるのは，福祉の現場からはどのような期待があるのか，また，それに対して応えるために要請されることは何かということ，他方で，法律専門家の担い手を養成する方法である。前者の，福祉の現場からの期待がどのようなものか，そして，それに対して応えるために要請されることについては，既に別稿で記した[27]。そこでは，福祉の現場からの機動的な対応要請，現場での信頼を獲得する上でスタッフ弁護士が法的支援活動において果たす機能的役割の可能性について説明した。本稿では，後者の，コーディネーターやリーダーという役割者の担い手となりうる弁護士をどのようにして養成すればよいかという点につき，考察することとする[28]。

　現時点では，体系的なトレーニングの実施は実現が困難であるため，人材養成の方法としては，OJTが基本にはなってくるだろうが，以下，3つの可能性を挙げることができよう[29]。

---

[26] 古口章『総合法律支援法／法曹養成関連法』（商事法務，2005年）38頁。

[27] 太田ほか・前掲注(9)：吉岡執筆部分132-135頁。

[28] 担い手にどのような条件が要請されるかについては，別の機会で論ずることとしたい。

[29] 2010年7月から内閣府で「パーソナル・サポート・サービス」事業の制度化に向けた検討が開始した。これは，"パーソナル・サポーター"が，個別的かつ継続的に相談・カウンセリングや各サービスへのつなぎを行うというもので，日本司法支援センターが推進しようとしている関係機関との連携強化と重なる動きである。「パーソナル・サポート・サービス」は，政府の緊急雇用対策本部のプロジェクトとして行われているもので，様々な領域にわたる問題が複雑に絡んで自分の力のみでは必要な支援策にたどり着くことが困難な人々に対して，抱える問題の全体を構造的に把握したうえで，当事者本位の個別的，継続的，包括的な支援を行う仕組みの構築を目指し，政府の「新成長戦略」（2010年6月）の「21の国家戦略プロジェクト」の1つでもある。2010年7月から専門家や実践者で構成される「パーソナル・サポート・サービス検討委員会」（座長：宇都宮健児日本弁護士連合会会長）が開催され，議論が進められるとともに，2010年度は全国5か所（北海道釧路市，神奈川県横須賀市，京都府，福岡県福岡市，沖縄県）において，また2011年度はこの5か所に加えて新たに全国14か所においてモデル・プロジェクトが実施された。全国で展開されるモデル・プロジェクトにおける実践をもとに，その内容を分析して，制度を作っていく，言い換えると，現場の実践と政府や検討委員会における検討との協働作業で1つの制度を構築しようというところが，このプロジェクトの大きな特徴

2 法的支援におけるアウトリーチとは

(a) 法テラスのスタッフ弁護士が果たす役割

1つ目は，法テラスのスタッフ弁護士が果たしうる可能性である。法テラスは，法律扶助を扱う全国組織であることからも，重要な役割を担うのは間違いないものといえる。スタッフ弁護士は給与制で，必ずしも採算性に縛られない性格をもつ。また，給与制であることは，私業の弁護士に比較して機動的な対応を可能とするところがある。そういったことから，法的領域に限定されず，社会福祉領域をはじめとした周縁の支援領域へコミットすることの可能性に富むと考えられる[30]。

また，スタッフ弁護士は任期制を採っていることから，ノウハウの蓄積や体制の継承に組織的な取り組みを重点的に行ってもいる。何よりも，全国組織であることからの強み，また，スタッフ弁護士間のネットワークをも使うことが可能である。もっとも，そこでは，一般のジュディケア弁護士，そして，弁護士会との協働と役割分担について，スタッフ弁護士のもともとの制度創設上の役割としてあるジュディケアへの補完性との関係というものを明確にする必要があろう。

そこで，地域を限定して"司法ソーシャルワーク活動"を関係機関との連携によって集中的に取り組む試験的事業の有効性が確認され，2012年から法テラス東京法律事務所でのパイロット事業がスタートし，それに対する検証研究も始まった[31]。

もっとも，弁護士と弁護士会との協働についても，両者の協働と役割分担がいかにして可能であるか，もともとの制度創設上の役割としてあるジュディケアへの補完性との関係を明確にする必要が生じるであろう。

である。しかし，日本司法支援センターや弁護士をはじめとする法律専門家の役割は議論の対象に含まれることはなかった。

30) 吉岡・前掲注(5)108-109頁。太田ほか前掲注(9)吉岡執筆部分：135-136頁。
31) 法テラス東京法律事務所では，パイロット事務所として，福祉・行政職との連携に力点を置く活動を実施しており，2012年10月から法社会学者を中心とする調査研究が開始された（日弁連法務研究財団「法テラスのスタッフ弁護士による関係機関との連携及びこれを活用した紛争の総合的解決と予防に関する検証調査」研究主任：濱野亮教授）。その中間報告として，濱野亮「法テラス東京法律事務所における地域連携パイロット部門」総合法律支援論叢第5号（2014年）102-122頁。

6. 課　題

(b) 都市型公設事務所の地域ネットワーキング活動

2つ目の可能性としては，都市型公設事務所の都市部での地域ネットワーキング活動と司法過疎地への弁護士派遣，教育体制が大いに参考になるのではないかということである。また，任期制を採っている都市型公設事務所では，事務所をあげて人的体制や形成した地域ネットワークの維持，継承に取り組んでおり，福祉行政関係機関と連携をはかるメソッドについても独自に開発し，蓄積を行っている[32]。公益活動への従事を志望する若手弁護士の中から育成していくという方法が考えられよう。

(c) 法科大学院での臨床法学教育との協働

3つ目の可能性は，法科大学院での臨床法学教育との協働である。アメリカで発生したBPオイル汚濁事故のクラスアクション原告側代理人である弁護士によれば，アメリカに比して弁護士人口がきわめて少ない日本において，支援の場面における法律専門家動員をどのように考えればよいかという議論の中で，ロースクールの学生，さらには，法学部の学生の教育を兼ねた動員可能性が指摘されている[33]。

他方，藤井（2011年）は，米国における臨床法学教育の具体例を紹介しつつ，司法アクセスとの関係においてそれを位置づけることで司法修習にはない臨床法学教育の独自性と意義が見いだされることを主張し，そのことが法科大学院教育そのものの質を向上しうる可能性を説いている[34]。法科大学院での臨床法学教育との協働を模索するのは，1つの方策であるかもしれない。

---

[32] 東京パブリック法律事務所をはじめとする都市型公設事務所における育成派遣体制について詳しくは，寺町東子「都市型公設事務所の挑戦　弁護士を待つ人々の中へ(7)公設事務所の育成・派遣機能」法学セミナー643号（2008年）42-45頁。

[33] Robin Greenwald「米国における法専門職の動員方法について」村山眞維編『シンポジウム「原子力損害賠償の現状と課題」』（明治大学・法と社会科学研究所，2013年）85-86頁。

[34] 藤井靖志「リーガルクリニックと司法アクセス」自由と正義62巻8号（2011年）170-175頁。

2 法的支援におけるアウトリーチとは

(3) 経験的研究の必要性

　最後に，アウトリーチ研究の必要性と方法的課題について論じる。海外では，リーガルアドバイスの法的支援の文脈において，アウトリーチの用語が広範に使用されているということに対して，その目的や効果についての厳密な研究と検証が驚くほど少ないという指摘がなされている[35]。

　わが国では，アウトリーチの実践自体がここ数年で始まったところにあるので，それらを対象とする研究が遅れているのは自然なこととしもいえるが，まずは実践についての記述説明，そして，それをさらに進めた実態に基づく理論化や類型化，さらには評価や検証といったことが急務であることは，上記までの検討からも明らかであろう。

　また，連携についても同様のことがいえる。この数年，連携についての経験的研究は実践に追い付こうと徐々に増えつつある。しかしながら，法律専門家と異業種間連携，MDPによる弊害や倫理的な問題に関する調査および研究はほとんどなされてはいない。他方で，異業種間連携の経験的研究をどのように実施するかについては方法論的にも難しい問題である[36]。

　しかしながら，アウトリーチという概念，用語が広範囲で用いられるようになり，実際にそれを謳う施策も進められている中で，用語の正確な定義がない，あるいは用語に包含される射程が曖昧なままサービスのプロバイダがそれを掲げていくということは，その担い手，受け手によっても異なるワーディングや捉えられるものに引きずられるということがあるので，齟齬が生じるのではないか，あるいは，実態に対して表現が上滑りなものになっていかないか危惧されるところである。

　このことは，連携についても当てはまることである。例えば，本稿でも取り上げた，スタッフ弁護士による連携の実践は全国規模に広がり，それぞれの赴任地において，地域固有の事情に応じ，また，弁護士個人が選択するや

---

35) Forell, S. and Gray, A. Outreach Legal Services To People with Complex Needs: What Works? (Law and Justice Foundation of New South Wales, 2009).
36) 吉岡すずか「弁護士と他士業の協働 ――利用者ニーズの視点から――」法社会学76号（2012年）205-218頁。

6. 課　　題

り方で確実に実績を積み上げていっているにもかかわらず，他方で，連携といった言葉の一人歩き的な現象が各地域のジュディケア弁護士間に一部生まれているということがある。これは，弁護士の間においても連携というものについての捉え方が異なる等，統一的な見方があるとはまだいえない状態があるのが実態であることをしめしているものといえよう。

　そういった意味からも，支援の形態として一層，重要な意味を持つようになってきている連携，そしてアウトリーチについて，本稿で参照してきたような諸外国の先行研究を参照しつつ，個別の実践の経験的研究，また，組織的なパイロット事業への評価等を通じて実効的モデルを模索する必要があることは間違いない。

第Ⅱ部

(会員論文)

3 日本漁業の現状と持続可能性への考察
―東アジアにおける漁業との比較も踏まえて―

南　眞二

【要　旨】

　2010年の世界の漁業・養殖業による魚介類供給量は1億4,850万トン（うち漁獲量8,860万トン，養殖生産量5,990万トン）になり，食料・栄養保障における漁業・養殖業の重要性は「国連持続可能な開発会議（リオ＋20）」においても十分に認識されている。

　世界全体では海面漁業資源の状態は悪化しているが，幾つかの地域では効果的な管理措置を通して漁獲率を引き下げ，過剰漁獲にある魚類資源と海洋生態系が回復しつつあり，日本周辺の水産資源で資源評価の対象になっているものは全体としては近年概ね安定的に推移している。

　日本の漁業は漁業法等に基づく規制や漁業者による資源管理型漁業への自主的取組みが行われてきたが，日本の沿岸における漁業の管理システムは，FAO（国際連合食糧農業機関）の「責任ある漁業のための行動規範」の実践例であり，沖合・遠洋漁業においても「行動規範」の趣旨に沿った責任ある漁業への努力が行われていると評価されている。

　多魚種資源を利用する日本の沿岸漁業では共同操業が資源管理にとって有効な手法の1つと考えられており，日本における資源管理の特徴として，漁業者組織という中間的管理主体の果たす役割の重要性が指摘されている。これらは，漁業法制度，魚種・漁業形態が似ている中国・韓国・台湾といった東アジアの3つの国・地域にとっても目標・参考とすべきものと考えられている。

　2008年漁業センサスによると，1988年と比較して漁業の縮小や高齢化率の高さが読み取れるが，一方では，漁業者として遊魚船業や水産加工業に取り組む経営体は増加しており，漁場利用の取り決め，漁場監視・保全・造成などの活動をする漁業管理組織（単一漁業協同組合を含む）も2003年と比較して増加している。地域の実情に即した資源管理や魚の付加価値を高めるため取り組んでいる漁業協同組合も少なくなく，漁業で生活できる条件さえ

> 整えられれば，後継者も確保できることになる。
>
> 　持続可能な漁業を目指す場合，漁場の管理は重要であり，行政による管理だけでは十分な対応ができないことから，費用対効果の面でも現場に通じた組織の果たす役割は大きい。漁村コミュニティ維持の観点からも「資源利用者による資源管理」のよさを生かしながら，漁業協同組合と関連事業者の連携による漁業活性化の取組が求められる。

1．はじめに

　FAO（Food and Agriculture Organization of the United Nations：国際連合食糧農業機関）の『世界漁業・養殖業白書』（2012年日本語要約版）によると，2010年の世界の漁業・養殖業による魚介類供給量は1億4,850万トン（うち漁獲量8,860万トン，養殖生産量5,990万トン）になるが，供給量増加率は人口増加率を上回っており，人口1人当たりの供給量も18.6kgと過去最高で，食料・栄養保障における漁業・養殖業の重要性は2012年の「国連持続可能な開発会議（リオ＋20）」においても十分に認識されている。

　そのうち，世界の海面漁業の漁獲量は近年概ね8,000万トンの水準で安定しており，2010年は7,740万トンであった。しかし，海面漁獲量の約30％を占めている魚種別漁獲量上位10魚種のほとんどは，既に十分に開発された状態にあり，過剰開発の状態にある資源が増加している一方で，十分に開発されていない状態の魚種資源は次第に減少してきている。このように，世界全体では海面漁業資源の状態は悪化しているが，幾つかの地域では効果的な管理措置を通して漁獲率を引き下げ，過剰漁獲にある魚類資源と海洋生態系が回復しつつある。

　日本の漁業・養殖生産量は『平成23年度水産の動向──第180回国会（常会）提出』によると，2010年は531万トン（海面漁業は412万トン）であるが，マイワシを除いた沿岸・沖合漁業は357万トンでここ数年は横ばいから緩やかな減少になっている。我が国周辺の水産資源については，資源評価の対象になっている魚種・系群の状況は低位水準に留まっているものや，資源水準が悪化しているものも見られるが，全体としては近年概ね安定的に推

移している。海洋環境の変化，藻場・干潟の減少や一部の資源で回復力を上回る漁獲等が指摘されているが，近年の推移では中位の割合が増加し，低位の割合は減少している。

　日本の漁業はこれまで漁業生産量・生産額の減少，漁業就業者の高齢化・減少，漁船の高船齢化などが問題とされてきたが，日本の漁業経営は地域・漁業種類等によって多様という側面を有しており，漁業法等に基づく規制や漁業者による資源管理型漁業への自主的取組みが行われてきた。

　この稿では，持続可能な漁業を推進するため，日本の漁業法制度と現状を踏まえた上で，同じ東アジアに属する中華人民共和国（以下「中国」）・大韓民国（以下「韓国」）・台湾（中華民国）の漁業法制度等と比較しながら，漁船漁業を中心に日本漁業の方向性を考察していきたい。その場合，欧米諸国は漁業に対する理念・制度，漁業構造や資源状況など漁業を取り巻く状況が我が国と相当程度異なること，またロシア連邦共和国極東地域や北朝鮮（朝鮮民主主義人民共和国）は現在漁業自体がそれ程盛んでないことに加え，漁業法制度・現状に関する資料の入手が困難であることから比較検討対象から除外している。

2．日本の漁業法制度と現状

(1) 日本の漁業法制度

　現在水産・漁業に関しては多くの法律があるが，歴史的にその中心を占めてきた漁業法（1949年12月15日公布）は，1910年（明治43年）成立の旧漁業法のうち沿岸漁業制度を全面的に整理した上で，戦後の民主化措置として優良な漁業権を独占していた網元等から実際に漁業を営む者が漁業権を保有・活用できるように改めたものである。漁業権と漁業許可等を柱としているが，前者の漁業権漁業（免許）は地先海面における漁村集落による漁場秩序が引継がれたものであり，定置漁業権，区画漁業権（養殖），共同漁業権に区分される（6条）。

　後者の漁業許可等は，(a)都道府県知事による許可（65条1項——固定式刺し網漁業，小型定置漁業など），(b)農林水産大臣が都道府県別の最高限度を定め

3　日本漁業の現状と持続可能性への考察

る法定知事許可（66条1項——小型機船底びき網漁業，中型まき網漁業など），(c)水産動植物の繁殖保護等かつ政府間の取り決め等から統一的に措置する必要性のある指定漁業の許可（52条1項——沖合底びき網漁業，大中型まき網漁業など），(d)漁業取締等のため省令に基づく特定大臣許可（東シナ海はえ縄漁業など），さらには(e)資源状況把握等の目的による届出（小型スルメイカ釣り漁業など）に区分される[1]。許可等を通じて操業区域・期間・漁具・採捕の制限などが実施されており，漁業法の資源管理は入力管理＝投入量規制（input control），技術的管理（technical control）手法が使用されている。この他，漁業法には内水面漁業に関する規定も置かれているが（6条5項・127-132条），我が国の場合は漁業生産量に占める海面漁業の比率が高くなっている（2010年で77.6％——『平成23年度水産の動向』）。ちなみに，漁業権は特定水面において特定の漁業を独占排他的に営み，利益を享受する権利でそれを一般人に対抗し得ることから，物権とみなされ，登記（漁業法では漁業原簿への登録）を対抗要件とするが，譲渡や担保権の設定は制限され，貸付も一切認められていない（23-29条）。

　水産資源保護法（1951年12月17日公布）は水産資源の保護培養のため，水産動植物の採捕制限や保護水面，遡河魚類（サケ・マス）の保護培養の規定を置くとともに，漁業法65条1・2項をも根拠として，漁業の種類等により漁船隻数・漁獲数量の最高限度を定めることができるとしている（4・9・13・14・20条）。

　また，海洋水産資源開発促進法（1971年5月17日公布）は，沿岸海域における水産動植物の増殖・養殖の計画的推進と漁業者団体等による海洋水産資源の自主的管理促進を定めたものであるが，漁業者団体等による資源管理協定の締結及びそれに対する行政庁の認定制度は1980年代に資源管理型漁業が論じられる中で改正創設されたものであり（13-18条），漁業者の自主的取組みとして位置づけられる（北部日本海海域ハタハタ資源管理協定など）。

---

1) 金田禎之『新編漁業法詳解（増補三訂版）』（成山堂書店，2008年）37-62・356-368・511-513頁。加瀬和俊「漁業権『開放』は日本漁業をどう変えるか」世界822号（2011年）58頁。

2．日本の漁業法制度と現状

　海洋生物資源の保存及び管理に関する法律（1996年6月14日公布，以下「海洋生物資源法」）は，「排他的経済水域及び大陸棚に関する法律」等と同様，「海洋法に関する国際連合条約（United Nations Convention on the Law of the Sea）」（以下，「国連海洋法条約」）の国内実施のため制定された法律であるが，排他的経済水域等における海洋生物資源について漁獲量及び漁獲努力量の管理のための措置を講ずるものであり[2]，漁獲可能量（Total Allowable Catch：TAC），漁獲努力可能量（Total Allowable Effort：TAE）の概念がそれぞれ2条2項，2条4項で定められている。出力管理＝産出量規制（output control）であるTACは「排他的経済水域等において採捕することができる海洋生物資源の種類ごとの年間の数量の最高限度」をいい，適用される海洋生物資源（第一種特定海洋生物資源）は施行令でサンマ・スケトウダラなど7魚種が選定されている（1条）。一方，TAEは「排他的経済水域等において，海洋生物資源の種類ごとにその対象となる採捕の種類並びに当該採捕の種類に係る海域及び期間を定めて漁獲努力量による管理を行う場合の海洋生物資源の種類ごとの当該採捕の種類に係る年間の漁獲努力量の合計の最高限度」をいい，適用される海洋生物資源（第二種特定海洋生物資源）は施行令でアカガレイ・イカナゴなど9魚種が選定されている（2条）。

　TAEは資源回復計画の対象となる魚種について定めるものであるが，TAC・TAEについては，自主的に協定を締結し，農林水産大臣又は都道府県知事の認定を受けることができる旨の規定が定められている（13条）。日本の遠洋漁業は国連海洋法条約に基づく各国の排他的経済水域設定により大きな打撃を受け，衰退していく。ちなみに，TAC選定の7魚種の日本の漁業における総漁獲量（遠洋漁業を除く）に対する比率は2000-2004年度平均で35.1％と約1/3に達している（日本に生息する魚種は約3,300種）[3]。

　この他，指定漁業の許可及び取締り等に関する省令に基づき，高度回遊性

---

[2] パトリシア・バーニー／アラン・ボイル著，池島大策・富岡仁・吉岡脩訳『国際環境法』（慶應義塾大学出版会，2007年）734-756頁。水上千之『海洋法──展開と現在』（有信堂，2005年）192-209頁。TAE創設時の顛末については，佐藤力生「本音で語る資源回復計画」水産振興442号（2004年）1-46頁。
[3] 「我が国における資源管理の現状と課題」（平成20年4月24日水産庁）17頁。

3 日本漁業の現状と持続可能性への考察

魚種である大西洋クロマグロ・ミナミマグロについて、遠洋カツオ・マグロ漁業者別及び大西洋クロマグロ又はミナミマグロ採捕従事船舶別に年間漁獲量限度の割当が行われており、それに伴い採捕した大西洋クロマグロ等の表示の義務づけや水揚港が制限されることとなる（57条・58条・91条の3・91条の4）。

(2) 日本における資源管理の取組み

漁業資源減少の原因として、(a)自由参入を原則とした公海漁業における乱獲、(b)共有財産としての漁業資源における利益追求、(c)漁業監視の困難があげられるが、このうち、(a)は漁船の漁獲能力の増大や漁船数の増加の他、漁獲競争からくる小型魚漁獲、過剰投資、漁場の集中、過剰漁獲がその要因とされる[4]。

海洋水産資源開発促進法に基づく資源管理協定は、公的規制措置については機動的な対応が難しいこと、規制をするに当たって明確な科学的・合理的な根拠が必要であること等の限界があることから、自主的な漁獲規制を制度化し促進することによって、公的規制を補う形で、海洋水産資源の利用の合理化を一層促進しようとするものである[5]。

日本では資源管理型漁業を推進するため、資源管理協定の他、海洋生物資源法に基づく協定が締結されており、特定海洋生物資源等について、産卵親魚や未成魚の採捕規制、網目規制など、地域や漁業実態に応じたきめ細かい協定が締結されている。例えば、国管理ではオホーツク海海域におけるスケトウダラ・ズワイガニ、都道府県管理では鹿児島県においてマアジ・マイワシ・マサバ及びゴマサバに関するTAC協定が締結されている[6]。また、沿岸漁場整備開発法（1974年5月17日公布）24条で漁場利用協定が定められ、操業区域・操業方法等について漁業者団体が遊漁者や遊船業者の団体と協

---

[4] 倉田亨編著『日本の水産業を考える――復興への道』（成山堂書店、2006年）93-112頁。川崎健『イワシと気候変動――漁業の未来を考える』（岩波書店、2009年）7-11・163-168頁他。

[5] 田中教雄「資源管理協定の実態と問題点――宮崎県を例として」香川法学15巻1号（1995年）192-207・217頁。

[6] 「平成9年度漁業の動向に関する年次報告」（平成10年4月17日）参照。

2. 日本の漁業法制度と現状

定を締結し，漁場の安定的利用関係を確保できる仕組みになっている（京都府・大分県等で協定締結）。

　この他，水産基本法（2001年6月29日公布）の定める水産資源の持続的な利用，適切な保存管理といった方向性に沿って創設された漁業管理制度である資源回復計画は，緊急に資源回復を図る必要のある魚種について漁業者の参加も得て，国・都道府県が作成している。減船・休漁・保護区設置・漁具改良・種苗放流等をその取組内容としており，マサバ太平洋系群資源回復計画・サワラ瀬戸内海系群資源回復計画など多くの計画が作成されている。2011年度からは，資源回復計画等により行われている計画的資源管理を他の魚種・漁業にも拡大するとともに，漁業共済を活用した補助を仕組みとする資源管理・漁業所得補償対策を導入することにより，資源管理のさらなる推進を図っている。

　日本ではこれまで資源回復計画が一定の成果を出しているが，プール制も含めた漁業者組織による自主管理も行われている。例えば，駿河湾のサクラエビ漁でプール制を実施している由比港漁業協同組合の場合は，休漁期の産卵調査，漁に先立つ試験網を用いたサクラエビの体長確認も行った上で，出漁当日は出漁の可否・水揚目標・操業場所・出漁時刻等について出漁対策委員会で協議し，燃油代・収入をプール精算するという形で実施している[7]。漁業者組織による地域的漁業の自主管理については，多くの研究が行われてきたが，均等配分のプール制は，漁場の独占的利用，価格決定力の保持，集団構成員の均質性，兼業業種の存在，リーダーの存在の条件が複数存在する下で成立するのが一般的とされるが，公平性が担保されるのであれば，必ずしも均等配分である必要がないと考えられている[8]。そして，このような成立条件に適合した地域でプール制が実施され，日本における資源管理型漁業の一形態として着実に成果をあげてきたが，2003年（第11次）漁業センサ

---

[7]　MELジャパン生産段階認証審査報告書・概要及び宮原淳一代表理事組合長に対する聴取調査（2012年3月1日）により記述。
[8]　松井隆宏「漁業における自主管理の成立条件」国際漁業研究10号（2011年）17・22頁。

スによると小型底びき網漁業 217 組織のうち 54 組織が決裁方法としてプール計算を実施している[9]。

自主管理については，組織共同体全体の利益を守ろうとする傾向に陥りがちなことから，現状を大胆に変革するより，緩やかな管理になる可能性があるが，多魚種資源を利用する日本の沿岸漁業では共同操業が資源管理にとって有効な手法の 1 つであると考えられている[10]。日本における資源管理の特徴としては，漁業者組織という中間的管理主体の果たす役割の重要性があげられている[11]。

3．東アジアの漁業法制度と現状

(1) 中国の漁業と資源管理

中国の漁業は 1970 年代の改革解放政策以降，生産請負制，動力漁船の増加と漁船の大型化・高馬力化，特に 1986 年以降は大衆漁業への転換，大型鉄鋼漁船の導入・普及，操業漁場の拡大（外延的拡大），水産物の流通自由化，価格の自由化により飛躍的に発展していく。これに対し，1986 年に漁業法を制定し，それまでの禁漁区等のほか，漁船総隻数及び総馬力数の上限規制（双控政策）を実施したが，これは中国漁業管理における入口規制の根幹と言えるものであり，さらに，1995 年以降には，黄海・東シナ海（中国名で東海）や南シナ海（中国名で南海）で相次いで大規模な夏季休漁制を導入した[12]。

中国は 1996 年には国連海洋法条約を批准し，その国内実施のため 1998 年

---

9) 小島彰他「ハマグリ漁におけるプール制について——鹿島灘漁協，はざき漁協，大洗町漁協の事例」福島大学研究年報 5 号（2009 年）33-37 頁他。
10) 日本水産学会監修・青木一郎他編『レジームシフトと水産資源管理』（恒星社厚生閣，2005 年）119-121・126-127 頁。
11) 山川卓「日本型漁業管理と IQ/ITQ」日本水産学会誌 75 巻 6 号（2009 年）1083-1084 頁。婁小波・小野征一郎「沿岸漁業における漁業管理と管理組織」東京水産大学論集 36 巻（2001 年）32-34 頁。
12) 李欣他「中国海面漁船漁業における「ダブル規制」管理政策の展開と課題」北日本漁業 37 号（2009 年）41-56 頁。片岡千賀之「日中韓漁業関係史 I」長崎大学水産学部研究報告 87 号（2006 年）26 頁。包特力根白乙「中国における漁業発展の段階性とその背景」漁村 71 巻 8 号（2005 年）68 頁。

3．東アジアの漁業法制度と現状

に「中華人民共和国排他的経済水域および大陸棚法」を制定し，中日漁業協定・中韓漁業協定も締結するに至る（「中華人民共和国領海および接続水域法」は1992年に既に施行）[13]。

200海里水域の設定により，漁船漁業に対し漁業資源を保護するために厳しい漁獲規制が行われるようになり，1999年には海面漁船漁業における「ゼロ成長政策」が打ち出され，さらに2001年には「マイナス成長政策」へと進めている。「ゼロ成長」や「マイナス成長」政策によって，海面漁船漁業の漁獲生産が抑制されたことにより海面養殖業が発展する大きな要因になったと考えられている[14]。

中国沿岸域の生物資源は豊富で，魚類は約1,700種で，頭足類100種，エビ類300種，カニ類600種となっており，重要な経済的価値を有する魚種は200種類以上に達すると言われているが[15]，海面漁船漁業に対する厳しい漁獲規制から，現在の中国の漁業生産では養殖，特に内水面養殖の割合が最も高く，2005年段階で海面養殖と合わせて68％を占めるに至っている。逆に，海面漁船漁業は30％を下回っている[16]。

2000年4月には改正海洋環境保護法を施行（制定は1982年）しているが，特に重要なのは，2000年10月の漁業法改正である。

1条の目的規定では，「漁業資源の保護，増殖，開発及び合理的利用を推進」と「人工養殖を発展させ，漁業生産者の合法的権益を保障し，漁業生産の発展を促進し，社会主義建設及び人民生活の要請に応える」ことを唱って

---

[13] 片岡千賀之「中国における新漁業秩序の形成と漁業管理～東シナ海・黄海を中心として」長崎大学水産学部研究報告85号（2004年）57・60-63頁。金大永「東シナ海・黄海における国際的漁業再編に関する研究」（1998年）57頁，長崎大学学術研究成果リポジトリ（http://hdl.handle.net/10069/22073）。HPの最終閲覧日は2014. 4. 6以下同様。

[14] 包特力根白乙・前掲注(12)69-71頁。黄小敏・増井好男「中国における海面養殖業の展開と漁場利用の問題点――福建省福州市の事例を中心として」地域漁業研究50巻2号（2010年）28頁。

[15] 王衍亮・婁小波「「ゼロ成長」政策下の中国漁業と漁業管理政策」漁業経済研究48巻3号（2004年）6頁。

[16] 高天翔「中国の水産業」(http://www2.fish.hokudai.ac.jp/21coe/Seminars-Symposia/gif/20060704a.pdf)

3 日本漁業の現状と持続可能性への考察

いる。

他に,漁労許可証交付の要件として,(1)漁業船舶検査証明書保持,(2)漁業船舶登録証明書保持,(3)国務院漁業行政主管部門の規定適合をあげ,許可証の売買,貸付及びその他の方式での他人使用の禁止(23・24条)や,野外漁船・三無漁船淘汰のための漁船建造等の場合の漁船検査制度(26条),漁業資源増殖保護費の徴収・水産種資源保護区の設定・禁漁期(夏季休業)・網目制限などによる漁業資源の増殖及び保護(28-30条)が定められている[17]。

また,国連海洋法条約批准に伴うTAC実施のため,漁業資源の漁獲可能量に基づく内水面及び近海の漁獲量の配分や,漁獲量を漁業資源成長量以下とする原則に基づく漁業資源の総漁獲可能量確保のための漁獲限度量制度の採用が唱われているが(21・22条),未実施であり,その理由としては対象魚種・資源情報・漁獲情報の収集・解析などが十分でないことがあげられている。TAC制度は資源評価,漁業許可,漁業種類別割当,速やかな漁獲報告や把握,監視や取締りが不可欠となるが,そうした条件がない中国では,その実施は当分の間困難であり,仮に実現しても限定的と考えられている。資源管理の基礎となる漁業統計について,生産力増強を誇示する行政トップに迎合する漁業統計が作成される事情もあって信頼度が低く,粗雑であることが大きな障害になっている[18]。

中国では,海洋観光産業や海洋産業(石油・ガス産業)等の発展に伴い,効率的な海の利用と統合的管理を目指して,2001年に海域使用管理法が制定され,海域使用権が新たに創設された。それにより,海の利用をめぐっては,漁業法に基づく漁業権と海域使用管理法に基づく海域使用権が併存する状況になっている。権利の性質をめぐり,議論になったが,2007年の「中華人民共和国物権法」の制定により,どちらの権利も用益物権と規定された(それ以前は許可に過ぎないと考えられていた)。ただし,物権法の規定によっても漁業権が独立した物権になるのではなく,養殖業または漁船漁業を行う行

---

[17] 孔麗・池田均「中華人民共和国漁業法」開発論集73号(2004年)119-126頁。王行亮・婁小波・前掲注(15)9-10頁。
[18] 金大永・前掲注(13)42頁。片岡千賀之・前掲注(13)64頁。

3. 東アジアの漁業法制度と現状

為が法的保護を受けるということを定めているに過ぎないとされている[19]。

中国で実施された生産請負制や漁船所有形態の株式化は漁民の生産意欲を高めたが，公的機関や集団組織によるコントロールが失われてきたため，漁獲努力量の増加が顕著となり，過度な漁獲競争をもたらす結果となった。株式合作制の場合，漁村は株式化した漁船に対する管理費の徴収のみとなっており，漁業生産活動に対して漁村は一切関与しない仕組みになっている。漁船の生産活動に関する管理は国の漁業管理部門が漁業法に基づき実施しているが，漁村という集団経済組織と個々の漁家の特質をうまく結びつけ，漁船漁業から養殖業，そして水産加工業へシフトしていき，漁家収入の増大を実現した例もある。

中国の漁業政策実施の阻害要因としてあげられているのは下記のとおり。

(1) 漁村の極端な自由化——私有経済組織（漁民）が主導権を持つようになったが，水産資源の持つ無主物性から漁民の海洋生態環境・漁業資源保護の意識が形成されにくい
(2) 郷政村治の政治構造——郷政府は村民の経営・経済活動に関与しない仕組みになっており，郷・鎮行政の管理能力が低下している
(3) 漁村組織の脆弱性——有効な中間組織が存在せず，行政と漁家との関連性が希薄。既存組織は地縁・血縁・人的つながりで，明確な行為規範・管理規制がない

このため，最近の特徴的な動きとして，政府が管理政策の実効性を高めるため，漁村集団経済組織の捕撈漁民に積極的に政府主導型の捕撈漁業協力経済組織に参加するよう提唱している[20]。

(2) 韓国の漁業と資源管理

韓国の漁業管理は1908年制定の漁業法，1953年制定の水産業法に基づい

---

19) 李銀姫「中国における海域利用権利の法的規定をめぐる諸問題」漁業経済研究52巻3号（2008年）69-83頁。
20) 高健・常清秀「中国沿岸漁村の漁業経済組織の変遷とその諸形態」漁業経済研究53巻3号（2009年）40-52頁。海面養殖業の産業化については，姜書「中国水産養殖業の産業化政策と「龍頭企業」」漁業と漁協（2012年11月）24-29頁，同「中国水産養殖業の産業化政策と「合作社」組織」漁業と漁協（2012年12月）22-27頁。

て行われてきたが，(a)免許・(b)許可・(c)申告の制度があり，それぞれ(a)定置網漁業・養殖業・村漁業（共同漁業），(b)遠洋漁業・近海漁業（沖合漁業）・沿岸漁業等，(c)素手漁業・投網漁業・陸上養殖業等の種類がある（漁業権は財産権的な性格から土地に関する規定を準用）。これらの入口規制を補完する目的で，水産資源保護令に基づく技術的管理として特定漁業の禁止区域，網目の制限，操業区域と許可定数などが規定されているが，規制項目が以前と比較して大幅に増加し，規制強度も高くなっている[21]。

韓国は国連海洋法条約の批准に伴い，1996年に排他的経済水域法などを制定・施行しているが，TAC制度は1995年改正の水産業法54条の2や1996年改正の水産資源保護令27条2・3に基づく「漁獲可能量の管理に関する規則」（1998年制定）でTAC設定除外漁業・配分量割当方法などが具体的に定められている。

韓国のTAC制度は大型まき網漁業を主対象としているが，その理由は①漁獲対象魚種が比較的限定され，漁獲データ報告体系もある程度確立，②水揚げの大部分が釜山共同魚市場であり，管理が容易なためである。日本と韓国の免許・漁業権制度，技術的管理制度とも類似している部分が多いが，韓国の制度が日本の制度を参考に作られたこと，漁業環境・漁法等が類似していることによると考えられている。ただし，免許は水産業協同組合に対してよりも個人免許の比率が高く，免許も許可も売買できる仕組みになっている[22]。

TAC対象魚種の選定基準は①漁獲量が多く，経済的価値が高い魚種，②韓国周辺水域で隣接国漁船と共同に利用する魚種，③資源が減少して保存管理が必要であるか，業種間の漁業調整が必要な魚種とされているが，対象漁業は当該魚種を漁獲する主力漁業に限定している。また，近海漁業は多様

---

21) 宋政憲「韓国の漁業制度と漁業管理」漁業経済研究48巻3号（2004年）16-18頁。他に，李相高「新海洋秩序下における韓国の漁業管理とTAC制度」地域漁業研究特別号（2000年）32-34頁。
22) 宋政憲・前掲注(21)18-19頁。宋政憲「韓国のTAC管理――大型まき網漁業を中心に」『TAC制度下の漁業管理』（農林統計協会，2005年）216・218頁。宋政憲教授聴取（2012.8.28 釜慶大学校）。

3. 東アジアの漁業法制度と現状

な魚種の漁獲や漁業種類の多様性による管理の困難さからTAC管理の対象外の漁業が多い。「漁獲可能量の管理に関する規則」では，海洋水産部（組織改革により現所掌は農林水産食品部）長官が漁業者別にTACを割当てる場合には，業種別組合長または漁業関連団体長から所属漁業者別割当計画書を受けて実施することとされており，長官または道知事は配分されたTACの70％以内で漁業者の自主決定に基づき漁業者（漁船）に割当てている[23]。

韓国はTACの対象魚種を年次別に5段階に分けて拡大し，第5段階（2009～2010年）では約35魚種にする計画を樹てていたが，2012年8月現在のTAC管理対象魚種は11魚種である。魚種が多く，資源管理がむつかしいため，計画どおりには対象魚種は増加していないが，今後資源評価を強化し，沖合漁業はTAC，沿岸漁業は資源管理型漁業・資源回復計画での対応を考えているようである。

また，TAC対象魚種の漁獲量報告の不正防止のため，主要水揚港で水産資源調査員による漁船別割当・漁獲量・サイズのチェックが行なわれている。他に，漁獲物販売所が117ヵ所指定されている[24]。

韓国でも2001年から自律管理漁業協同体を推進し，資源管理に積極的に取り組んでいるが，日本の資源管理型漁業に近い概念である。単位は漁村契になるので，日本の漁業協同組合レベルではないが，体長禁止・期間などを設けて自律的に取り組んでおり，海洋牧場・人工漁礁なども設置している。韓国の漁業は内部的に他産業と比較した場合の低成長や漁村人口高齢化・漁業費用増加，外部的に排他的経済水域の設定による主要近海漁場の大幅喪失が予想されることから，今後の課題として，高付加価値創出に向けて，(a)低投入の漁業生産体制の確立，(b)親環境漁業の活性化，(c)現代化した産地拠点流通センターの構築があげられている[25]。なお，日本・中国・韓国などが

---

23) 片岡千賀之・西田明梨・金大永「韓国近海漁業における新漁業秩序の形成と漁業管理」長崎大学水産学部研究報告85号（2004年）74-77頁。西田明梨他「新漁業秩序下における韓国TAC制度の現状と課題」地域漁業研究46巻1号（2005年）2-18頁。
24) 宋政憲・前掲注(22) 219頁。金大永漁業資源研究室長聴取（2012.8.27 韓国海洋水産開発院）。

3 日本漁業の現状と持続可能性への考察

利用している東シナ海・黄海は大陸河川によって供給される豊かな栄養塩を基礎として，黒潮系水と大陸沿岸系水との顕著な潮目の形成も加わって，多様な魚類相と高い生産性の海域と言われているが，長期間の継続的で強い漁獲圧により当海域の漁獲対象種の生物学的・生態学的特性には様々な変化が認められるようになっている[26]。

(3) 台湾の漁業と資源管理

台湾の漁船漁業は，作業海域の距離によって，遠洋漁業，沖合漁業，沿岸漁業の3種類に分けられる。遠洋漁業とは，台湾の200海里水域の外で行う漁業を指し，主にマグロ延縄，カツオ・マグロまき網，イカ釣りなどからなる。沖合漁業とは，台湾の12-200海里内で行う漁業を指し，中小型曳き網，サバ・アジのまき網などからなる。沿岸漁業とは，台湾の領海（12海里）内で行う漁業で，主に定置網，沿岸刺し網などからなる。養殖業も盛んになっているが，台湾漁業全体に占める遠洋漁業の比重は現在でも大きい（2009年で全漁獲量の56.8％——行政院農業委員会漁業署統計）[27]。

沿岸・沖合漁業の運営は，TACや自主的な管理制度を導入し，資源を保護するために合理的な禁漁期及び禁漁区を制定する必要があるが，台湾は国際連合に加盟していないことから，国連海洋法条約は締結していない。ただし，国内法としては，1998年に「中華民国領海法および接続区法」と「中華民国専属経済区域法および大陸棚法」を公布・施行している（国際的には未承認）[28]。

1950-1969年の間の台湾漁業法は1932年に国民党政府が中国大陸で頒布した漁業法の延長であったが，1970年に改正された。その内容の大部分は

---

25) 前掲注(24)金大泳室長聴取。釜山市水産業協同組合林常務他聴取（2012.8.28）。
26) 水産庁・水産総合研究センター「東シナ海・黄海の漁業資源（総説）」63-1・2（2013年）。
27) 蘇偉成「台湾の漁船漁業」海洋水産エンジニアリング5-51（2005年）45頁。他に，武内信能「東南アジアの漁業事情⑿〜台湾」海洋水産エンジニアリング3(27)（2003年）110頁。なーるほど・ザ・台湾経済ウオッチング（http://www.naruhodo.com/tw/keizai/index.php?page=51&tcnt=60）。
28) 金大永・前掲注(13) 70-71頁。台湾週報（http://www.taiwanembassy.org/ct.asp?x1rem=44127&ctNode=3591&mp=202&nowPage=38&pagesize=50）。

3. 東アジアの漁業法制度と現状

戦後日本の新しい漁業法を参考にしたものであり，内容的に日本の漁業法と類似している。その後，1991年・2002年の改正を経て，2009年に改正されたものが現行漁業法となっている[29]。

現行の中華民国漁業法では，漁業は漁業権漁業，特定漁業，娯楽漁業の3種類であるが，漁業権漁業は台湾沿岸漁業の主な管理制度であり，定置・区画（養殖）・専用の3種の漁業権が含まれる。漁業権は物権とみなし，漁業法の規定以外では，民法の不動産物権の規定を準用するが，強度な公共性を兼ねる個人権ということから担保，譲渡等については各種の制限がある。

特定漁業とは漁船が管理機関指定の水産動植物の営利を目的とする捕獲採取漁業を指し，「漁船漁業」あるいは「非漁業権漁業」と称される。1992年に施行された改正漁業法では，その管理精神は開放型漁業管理方法から計画型漁業管理方法に変わり，漁業生産の目標も資源管理型漁業になっている。

娯楽漁業（遊漁）については，台湾は四面が海に囲まれているが，政治の特殊性で海上を憩いの場とする活動は非常に停滞しており，娯楽漁業の管理制度の歴史は最近数年のみである。娯楽漁業についても，漁獲量と魚の体長あるいは種類等に関してある程度の規制があり，商業漁民の利益に影響しないようにしている。娯楽漁業管理方法の内容及び範囲等明確に法律で規定する必要が課題としてあげられている[30]。

台湾では，漁業資源保育のため，漁具・漁法の制限と禁止，漁期・漁場の制限，漁獲魚の体長制限，保護区・育成区等の設定を行っており，不法捕魚については，地方区の漁業組合に漁業資源保護用の巡視船建造を補助し，進んで沿海・近海漁業資源の保護及び漁場秩序の維持と保護を実施している[31]。

台湾東港におけるサクラエビ漁業の研究によると，サクラエビ漁業の発展は，「産鎖班」と呼ばれる独自の漁業者組織による自主的な漁業管理によっ

---

29) 陳清春・松田惠明「台湾漁業管理制度の現況と課題」国際漁業研究8巻1-2号 (2009年) 41-42頁。
30) 陳清春・松田惠明・前掲注(29) 43-48・51頁。
31) 陳清春・松田惠明・前掲注(29) 49-50頁。

3 日本漁業の現状と持続可能性への考察

てもたらされてきたが，この「産鎖班」による漁業管理は，船ごとの操業1日あたり漁獲量上限設定や品質・鮮度保持方式の確立・徹底等を主要な内容としており，これによって資源管理と魚価維持が追求され，資源管理の面で一定の成果をあげたと評価されている。ただし，この研究でも各漁船の操業（出漁判断や漁場選択等）は全く個別的に行われており，1日の出漁隻数，漁期中の出漁日数，操業時間，曳網回数等，漁獲努力量の投入量については全く統制されておらず，東港地区の漁業管理は鮮度・品質管理面でも駿河湾地域のそれと比べてかなり問題があると言わざるを得ないだろうと指摘されている[32]。

台湾の漁業管理の問題・課題としては，1.違法操業による過剰捕獲や違法操業に対する有効な管理方法の欠如，2.科学的方法に基づく漁獲量や資源量に対する影響分析の向上などが，また資源保護の観点からは下記の問題点が指摘されている。

① 漁業政策面では，明確な漁業資源保育施政方針が欠如しており，確立した完全な漁業資源保育法規がない
② 十分な台湾沿岸海域の生態調査資料がないため，沿岸全体の漁業資源のまとまった全体的計画が樹てられない
③ 有効な管理及び漁業権制度が今日まで確立せず，漁民の公徳心の不足と一般国民の漁業資源保育観念・知識の欠如
④ 捕獲禁止規定はあるが，資源保有の効果があがっていない

現在の台湾の漁業管理政策は，資源管理型漁業の確立に努力しているが，未だに資源回復上の成果が見られないとされている[33]。

---

32) 黄騰正・宮澤晴彦「台湾東港におけるサクラエビ漁業管理の展開・現状・課題」北日本漁業39号（2011年）79-85・87・89頁。駿河湾サクラエビについては，八木信行「我が国水産業へのITQの適用可能性に関する法学的・経済学的分析」Primaff Review 41号（2011年）22頁。
33) 陳清春・松田惠明・前掲注(29) 52-53頁。

4. 東アジアの中の日本漁業

(1) 日本と東アジア3国・地域の比較

　日本・中国・韓国・台湾という4つの国・地域を比較すると，韓国・台湾は日本漁業法の影響を受けていることもあるが，中国も含めて漁業法では許可などの入口規制と併せて保護区設定・網目制限などの技術的管理が規定され，資源保護への配慮が見て取れる。特に中国は双控政策を実施した上で，ゼロ成長・マイナス成長政策による厳しい漁獲規制を採用している。法制度としては，中国が海の利用に関して包括的な海域使用管理法を制定していること（日本は2007年4月27日公布の海洋基本法），日本と韓国がTACを実施しているが，中国と台湾が実施できていないことがわかる。漁業構造はそれぞれ歴史的・地理的要因から異なったものを有するが，日本が海面漁船漁業中心であるのに対し，中国は養殖業の比率が抜きん出て高い。

　また，4国・地域とも資源管理型の漁業に力を入れているが，中国は漁村の極端な自由化や行政の管理能力の欠如等が原因でうまくいっておらず，むしろ政府主導型の捕撈漁業協力経済組織への参加を推進している。台湾でも漁民の公徳心の不足と一般国民の漁業資源保育観念・知識の欠如等のため，未だに資源回復上の成果が見られないとされる。韓国では日本を参考に自律管理漁業協同体を推進しており，多様な地域や漁業の特質を反映する上での官主導の伝統的漁業管理の限界の認識，政府と漁業者の相互補完的関係への発展，漁場・資源の利用主体である漁業者の積極的参加を通して，①漁場管理等における漁業者の責任と権限拡大のための漁業共同体機能の活性化と自主管理，②自主管理の基盤造成のための政府の行政的・財政的・技術的支援の強化，③パイロット事業の活用と本格実施以前の法制度の大幅改善があげられているが，個人重視の国民性もあってまだ十分達成されておらず，自主管理手法の中でも日本のようなプール制は困難と考えられている[34]。中国・

---

34) 辛英泰「沿岸漁業の効率的管理のための政策方向――漁船漁業を中心として」地域漁業研究42巻1号（2002年）25-26頁。前掲注(22)宋政憲教授聴取。前掲注(24)金大泳室長聴取。

3 日本漁業の現状と持続可能性への考察

韓国・台湾は法制度面では日本と類似している点が多いが，資源管理における組織・執行面で改善すべき点が残されていると思われる。

(2) 日本漁業と自主的資源管理

一方，日本の漁業制度は古来から「資源利用者による資源の管理」という基本理念が貫かれており，利用と管理の一元的制度として，漁場利用・利潤分配・資源管理をも内包した「総合的漁業調整（漁業管理）」の概念がその中心にあるとされる[35]。日本において自主管理的手法が成立している理由としては，(a)漁業の国民の食料確保の位置付けと古くからの沿岸漁業管理の存在，(b)漁業権制度に基づく海域の水産資源取得権の長期性，(c)自らの生計維持のための将来的（継続的）資源利用の必要性，(d)同業者の操業に対する相互監視と違反への制裁による実効性確保と整理されている[36]。

日本では，漁業者（漁業協同組合）の自主協定も水産資源の管理などを対象としていることから，例えば全員合意を要件とする土地所有者等の締結する建築協定（建築基準法69-77条）や緑地協定（都市緑地法45-54条），景観協定（景観法81-91条）の認可のように第三者効＝対世効を有するものではない。海洋水産資源開発促進法に基づく資源管理協定の認定の効果は不参加者への行政庁斡旋，水産動植物の採捕制限等の措置の求めに留まるし（13-17条），沿岸漁場整備開発法の漁場利用協定は漁業協同組合等による都道府県知事に対する締結の勧告の申請，締結した協定を届け出た場合の紛争にかかる斡旋に留まる（24-26条）。海洋生物資源法の行政庁認定のTAC・TAE協定についても，不参加者への斡旋，水産動植物の採捕制限等の措置の求めが規定されるに過ぎない（13-16条）。

ただし，国法上の根拠のない公害防止協定とは異なり，資源管理協定等は法律で要件・効果を明確にし，海洋水産資源の一層の利用合理化を目指して

---

35) 牧野光琢『日本漁業の制度分析――漁業管理と生態系保全』（恒星社厚生閣，2013年）45・86-87頁。一方，アメリカ漁業は「政府による資源管理と市民一般による自由で競争的な資源利用」と捉えられる（85頁）。牧野光琢・坂本亘「資源管理理念の沿革と国際的特徴」日本水産学会誌69巻3号（2003年）373頁。
36) 八木信行「ITQと海洋保護区」海洋水産エンジニアリング12巻102号（2012年）57-58頁。

また，漁業法67条では漁業調整のため必要がある時は海区漁業調整委員会等は必要な指示ができ，さらに委員会の申請に基づき都道府県知事は指示に従うよう求める命令（行政処分としての裏付け命令）を発することができる旨の仕組みも作られており，漁場利用協定等の自主的取り決めや関係者を含む海面利用協議会の活用が期待されている[37]。

自主的資源管理は漁業協同組合内の知見・合意が基礎になるという弱点も有することから，政府が公的かつ科学的に漁業管理を支援するため創設されたのが資源回復計画制度であるが，この制度も計画期間が短期であることの他，支援対象資源の生物学的特徴や科学的知見の多寡に関わりなく一律に設定されることが問題点として指摘されている[38]。今後は「資源管理・漁業経営安定対策（2013年1月資源管理・漁業所得補償対策から改称）」により，漁業者との協議を踏まえた資源管理と漁業経営安定の着実な推進が期待されている。

日本の沿岸における漁業の管理システムは，FAOの「責任ある漁業のための行動規範（Code of Conduct for Responsible Fisheries）」の実践例であり，沖合・遠洋漁業（特にマグロ延縄漁業）においても「行動規範」の趣旨に沿った責任ある漁業への努力が行われていると評価されている[39]。

5．日本漁業の方向性

それでは，自主的に資源管理に取り組んでおり，資源管理面で一定の評価をされている我が国の海面漁業は今後どうあるべきだろうか。持続可能な漁業を実施している日本の資源管理型漁業の問題点は裏返すと操業区域・期間・漁具・採捕の制限などによる入口規制・技術的管理により経済的効率性

---

[37] 「漁業法に基づく知事の裏付け命令取消請求事件（福井地裁2012年10月5日判決）」判例地方自治365号（2013年）88-91頁（南眞二判例解説）参照。
[38] 牧野光琢・前掲注(35)71-73頁。
[39] 渡辺浩幹「FAO責任ある漁業のための行動規範の適用の現状──国際的な取り組みと日本の事例」49・51-56頁。(http://www.gyokei.sakura.ne.jp/D.P/Vol2/No2%205.pdf)

を低下させた漁業を行うことになり，そうでない漁業を行っている場合と比較すると，価格競争で不利な立場に立つ一因ともなっている。このことが漁業収入の減少，後継者難へとつながっている[40]。

2008年漁業センサスによると，海面漁業経営体は115,196で20年前の1988年の60.5％と約4割減少，海上作業従事の基幹的漁業者109,373人のうち60歳以上61.2％，漁業就業者（漁業雇われを含む）221,908人のうち60歳以上46.8％と漁業の縮小や高齢化率の高さが読み取れる。マイワシ生産量の減少や国連海洋法条約批准に伴う排他的経済水域設定による遠洋漁業からの撤退なども原因となった漁業生産量・生産額の減少により，過剰となった経営体が整理されていったものであり[41]，高齢化率の高さは定年制度の適用が比較的乏しい第一次産業に見られる特徴とも言える。また，後継者の存在する経営体は109,451のうち18.2％，新規就業者は1,784人であり，産業としての漁業への吸引が十分でないことがわかる。

一方，水産物直売所運営218，都市交流（漁業体験）200，魚食普及活動271とまだ少数に留まっているが，漁業者として遊漁船業や水産加工業に取り組む経営体は増加しており，漁場利用の取り決め，漁場監視・保全・造成などの活動をする漁業管理組織（単一漁業協同組合を含む）は1,738と2003年と比較すると13.4％増加している。

我が国が高い資源管理を達成できた理由として，漁業権制度と共に漁業協同組合制度を前提として形成された自主管理組織の存在とそれによる漁業コモンズをあげ，漁家民宿・遊船業・観光業など地域資源を活用した漁村コミュニティビジネスの担い手としての漁業協同組合に期待する見解がある。理由は，(a)漁業協同組合の「社会的企業」としての性格による事業の継続性

---

40) 横山信一『魚は減ってない！ ——暮らしの中にもっと魚を』（成山堂書店，2012年）13-19・71・101頁。八木信行『食卓に迫る危機—グローバル社会における漁業資源の未来』（講談社，2011年）61-62頁。なお，阪井裕太郎・森賢・八木信行「日本漁業の効率性に関する経済分析——北海道沖合底曳網漁業を事例に——」国際漁業研究11巻（2012）10-117頁は，当該事例では技術効率性は極めて高く，配分効率性の向上の検討等が今後の課題としている。

41) 八木信行・前掲注(40) 24-31頁。

5．日本漁業の方向性

への期待，(b)地域に密着する地域協同組織となっていること，(c)公的組織としての性格も有することから政策的支援を受けやすいこと，(d)漁業協同組合による地域資源の再整合の可能性である[42]。これに関連して，「地域資源を活用した農林漁業者等による新事業の創出等及び地域の農林水産物の利用促進に関する法律」に基づく6次産業化については，漁業者に加工・販売を含む価値創造的取組みを求めるものであり，すべての漁業者が対応できるものではないと考えられている[43]。

なお，漁業の生産量をすべて養殖で賄うことは，①養殖に使用する餌は多くの場合，低価格の別の魚である，②多くの魚類養殖での稚魚は天然での漁獲，③養殖場の適地による限界，④外来種導入による生態系への懸念といった様々な制限要因により困難と考えられることから[44]，国民の食料・栄養保障の点からも漁獲漁業とその前提としての資源管理は依然として重要である。

筆者は資源管理に取り組んでいる漁業協同組合の現地聴取調査も行ってきたが，地域の実情に即した資源管理や魚の付加価値を高めるため取り組んでいる漁業協同組合も少なくない[45]。新潟県佐渡の姫津漁業協同組合を例にあげると，姫津は1601年の佐渡金銀山発見後に形成された漁業集落で，漁業協同組合は組合員93人，登録漁船数55（2008年）でイカ釣り，刺網，板曳網を行っている。資源管理は網目拡大，一斉出航，漁場ごとの網数制限などを実施しており，漁港の整備・漁場の近さなどの好条件はあるが，鮮度維持の工夫が功を奏して佐渡では活気のある組合である。20代の後継者7人，婦人部15人である[46]。それほど規模の大きくはない，離島の組合であるが，漁業で生活できる条件さえ整えられれば，後継者も確保できる一例であ

---

42) 婁小波『海業の時代──漁村活性化に向けた地域の挑戦』（農村漁村文化協会，2013年）244-246・288-291頁など。
43) 横山信一・前掲注(40)34頁。婁小波・前掲注(42)3頁。
44) 八木信行・前掲注(40)91-93頁。養殖の現状及び問題点については他に，濱田武士『日本漁業の真実』（筑摩書房，2014年）191-206頁。
45) 南眞二「持続可能な漁業の発展のために──漁業における資源管理の推進と認証を中心に」法政理論45巻2号（2012年）39-48頁。
46) 姫津漁業協同組合・森川森一組合長聴取（2013年3月3日）。

3　日本漁業の現状と持続可能性への考察

る。

　なお，（独）水産総合研究センターの「我が国における総合的な水産資源・漁業の管理のあり方（最終報告）」（2009年）では，我が国漁業の特徴に見合った「日本型」の水産資源や漁業の管理のあり方を探っているが，様々な価値観の違いを明示的に反映した3つの政策選択肢の中で資源・環境保全における地域（コミュニティ）の役割を重視し，沿岸漁業は公的役割も含め地域の中核を担う一方で，沖合は産業効率の改善と生産の増大を追及するという役割分担を想定した「生態系モザイクシナリオ」が最も国民のニーズに適合するという結果になっている。また，日本周辺海域の利用法では「漁業による食料生産」が全体の83.3％（複数回答）を占め，「生態系・環境との調和」への関心が特に高くなっている。漁業就業者における高齢者比率の高さについては，漁村が高齢者の職の確保という点において高齢者を包容し得ることを積極的に捉えているのも興味深い観点である。

　持続可能な漁業を目指す場合，漁場の管理は重要であり，行政による管理だけでは十分な対応ができないことから，費用対効果の面でも現場に通じた組織の果たす役割は大きく，漁業協同組合による資源管理のための自主的な取組は特に沿岸域においては行政の規制と相まって，地元の資源・地域的な環境保全・生態系の保全に効果をあげ続けることが期待される[47]。

　なお，日本の漁業協同組合が自主的に設置し，独自ルールによる水産資源管理を実施している保護区（京都府機船底曳網漁業連合会のズワイガニ保護区など）で保護水面と同様の機能を果たしている場合には，「生物の多様性に関する条約（Convention on Biological Diversity）」第10回締約国会議で合意された愛知目標にいう「海洋保護区（Marine Protected Area）」に含まれると考えられている[48]。

---

47)　牧野光琢・前掲注(35) 175・241頁。
48)　松田裕之『海の保全生態学』（東京大学出版会，2012年）168-178頁。八木信行「わが国沿岸域の生物資源管理と海洋保護区」沿岸域学会誌23巻3号（2011年）26-27頁。釣田いずみ・松田治「日本の海洋保護区制度の特徴と課題」沿岸域学会誌26巻3号（2013年）94-99頁。環境省『海洋生物多様性保全戦略』（2011年）35頁。伊藤靖・三浦浩・澤田竜美「ズワイガニ保護区の保護効果と生物多様性」水産

6．ま　と　め

　漁業・養殖業は食料・栄養保障において重要な位置を占めており，日本においても漁業法等に基づく規制や漁業者による資源管理型漁業への自主的取組みが行われてきた。日本の沿岸における漁業の管理システムは，FAOの「責任ある漁業のための行動規範」の実践例であり，沖合・遠洋漁業においても「行動規範」の趣旨に沿った努力が行われていると評価されている。

　また，漁業法制度，魚種・漁業形態が似ている中国・韓国・台湾といった東アジアの3つの国・地域にとっても目標・参考とすべきものと考えられている。

　持続可能な漁業を目指す場合，漁場の管理は重要であり，行政による管理だけでは十分でないことから費用対効果の面でも漁業協同組合の果たす役割は大きい。漁業生産量・生産額の減少や後継者難など漁家経営の問題点についても様々な積極的な取組が行われており，漁村コミュニティ維持の観点からも漁業協同組合と関連事業者の連携による漁業の活性化が求められる。

　工学50巻3号（2014年）205-206頁。

4 公証制度の発展と課題（第2部・完）
――総論的・制度論的分析――

三 野 寿 美

【要　旨】

　第1部（拙著「公証制度の発展と課題①～これまで議論となった事案の各論的分析～」法政策学の試み－法政策研究（第15集）59頁以下〔神戸大学法政策研究会，2014年〕。）において既に説明したとおり，「公証制度は，例えば，契約上の意思表示のような私人の権利義務に関係する事実の存在につき，明確な証拠を残すことによって，紛争の発生を未然に防ぐことを第一次的目的とする（予防司法の作用）。」「同時に，証拠を確保して訴訟に備える意味もある。」「公証制度は，古代ローマ帝政期に起源を発し，ヨーロッパ諸国で発達した，古い歴史をもつ制度であるが，わが国には，明治19年8月11日の公証人規則（明治19年法律2号）によりはじめて導入され」，「その後明治30年頃より公証人側から改正運動が起こり，明治41年4月1日の公証人法（明治41年法律53号）によりとって代わられた。これが現行法であり」制定以来数次の改正を経て，今日に至っている。」[1]のであるが，過去，意外と感じられるほど，社会問題，あるいは，法学・法曹実務界を加えて議論となった事案等多数存在しており，その大部分が，公証制度に対する批判であった。

　これらは，①公証人法等の規定の不備に対する批判，②資質を含めた公証人の公証業務に対する姿勢への批判，③公証人の任命制度に対する批判に要約することができるとされている[2]のであり，さらにこの3点は，密接に関連するものでもあるものの，本2部作では，このうち①公証人法等の規定の

---

1) 兼子一・竹下守夫著『裁判法 第4版〔補訂版〕』（有斐閣，2002年）434-435頁。
2) 政清光博「第6章公正証書の紛争予防機能について」関西大学法学研究所公証制度研究班編『現代公証制度の理論と実務』研究叢書第39冊（関西大学法学研究所，2008年）184-187頁では，学者による批判，弁護士による批判，国会の審議における批判，全国銀行協会による反応，と項目を分け公証人あるいは公証業務に寄せられている多くの批判を紹介しているが，同書では，これらは，本文中の3点に要約できるとしている。

4 公証制度の発展と課題（第 2 部・完）

不備に対する批判を中心に扱うものである。

そこで、まず、第 1 部で公証制度に関して議論になった著名な事例について、各論的分析を行い（この面で、第 1 部は、本稿への予備論文として位置づけられるものである。），その上で本第 2 部では、今後の公証制度の発展のための総論的・制度論的分析を行うものである。

そのため第 1 部との併読をおすすめするが、本稿だけでもその趣旨がわかりやすいように内容の一部を再度紹介していることをあらかじめお断りしておく。

1．序　論

第 1 部で既に見てきたように、現行公証制度は、単純に瑕疵のない公正証書の作成といった面でさえも制度的保障が十分になされているとはいい難いものであるといえ、このような脆弱な公証制度の仕組みと制約から多数の紛争が生じていることを主な背景として、公証制度に対する多くの批判がなされている現実が存している、といえるのである。

公証制度は、これまでも時代の発展・変化に対応し、信頼できる第三者機関たる公証人をして、「法的紛争の予防機能」「証拠の確保と保全機能」を果たさせるため、公証業務の拡大をしてきた歴史があるが、既にみてきたように、過去、社会問題、あるいは、法学・法曹実務界を加えて議論となった事案等について、結局のところ、そもそも公証人がその職責を果たすに際し、その制度基盤の脆弱性が招いた結果である、と結論づけることが可能であると考える。

したがって、第 1 部の結論としては、「審査権限等の強化」、「教示義務の法制化」が最も必要な改革であると指摘しており、これらについて、本第 2 部で、今後の公証制度の発展のための総論・制度論的分析を行うに際し、中心的課題として検討していくこととする。

そこで、まず法的側面における不備を概観し、その上で公証制度の発展のための総論的・制度論的分析を中心的課題として検討していくこととする。

2．制度・構造上の問題

　まず，ここでは，公証人の関与に関して，債権契約段階からの関与を前提とした場合の現行公証制度の持つ「制度・構造上の問題」として，公証人の「教示義務の限界」，そして，基本的な問題といえる，「実質的審査義務の内容・範囲」を中心に（ただし，この2つは密接に関係しているものではある。），検討を加えていく。

(1) 教示義務の限界

　公証人については，原則，債権契約（すなわち，売買契約書等）段階から関与し，当事者の危険と不利益を，公証人の周到で懇切な教示により防がれることをも期待したい，と考える。

　(a) 現行法下の教示義務

　この点に関し，あくまで公正証書の作成前に，公証人に相談できるかについてを中心としたものではあるが，「公正証書の作成等に先立ち，どのような契約内容にすべきか等について，公証人が相談に応ずることは，当然その職務権限に含まれると解される。」「公正証書の作成等に先立ち，その内容をどのようなものにするかについての相談に応ずることのできるのは，当然の理であり，その中には，どのような権利設定をするかの点が含まれるのも当然だからである。むしろ，当事者の意向に十分応え，事案に即してもっとも妥当な公正証書を作成するためには，事情を十分聴取し，内容についても，場合により相当なアドバイスをするべきであろう。」[3]との見解も見られる。

　しかし，そこには，「日本の公証人がフランスと同様のラテン系と分類されながらも」，「（フランスの公証人は，法律事実を確認したり，調査して認証しているだけでなく，契約書の草案・草稿を提案し，その内容を契約当事者の読み上げ，当事者の了解を得たうえでその署名を得ることになっている。日本の公証

3）日本公証人連合会編『新訂公証人法』（ぎょうせい，2011年）17-18頁。
　＊なお，ここでは，公証人は，「十分な審査権限をもつものではない。しかし，これらのことと公正証書の内容をどのようなものにするかについて事前の相談に応じうることとは，別である。」（同・18頁）としている。

4 公証制度の発展と課題（第 2 部・完）

制度は，その最も重要な部分を「訓示規定」としている。）といった制度上，構造上の問題」[4]が存在している。

特に，「訓示規定」とされる理由は，次の通りである。

日本の公証人も，さまざまな法律行為について公正証書を作成することを主要な職務としているが，「その場合の公証人の職務とは，『法律行為其ノ他私権ニ関スル事実ニ付』（公証人法 1 条 1 号）嘱託人またはその代理人の陳述を録取すること（同法 35 条）に尽きるのであり，少なくとも文理上，第三者としての公証人が，法律行為の成立より前の段階，すなわち契約交渉過程や遺言者の遺言意思の形成過程に関与することは予定されていないように読める。公正証書の『本旨』（公証人法 36 条参照）とされるのは，諸契約についての証書作成の嘱託であれば，その当事者が締結済みの契約内容を公証人に対して陳述した事実の録取にすぎないか，あるいは，当事者が公証人の面前で契約を締結し，公証人がその状況を録取したものであり，いずれにせよ，契約締結時以降に公証人自身が経験した事実にほかならない。それでも仮に後者の場合を想定しうるならば，当事者がまさに契約を締結しようとする場面に立ち会うのだから，その経験事実を証書の上に記載した公証人は，第三者，証人としての役割を曲がりなりにも果たしたといえるのである。ところが，前者の場合には，公証人に対し，ひとつの法律行為を目撃した証人の役割を期待することはできない。代理嘱託が一般化した日本の公証実務のもとでは，それはたいていが一方当事者，しかもその代理人が嘱託前に締結したと主張する契約書面をただ嘱託人の陳述として証明するだけのことであり，ほとんど証人というに値しないからである。これでは，公証人法ほか関係法令の諸規定が『訓示規定』とみなされるのも無理からぬことであろう。」[5]ということである。

---

4) 司法書士総合研究所・第 6 部（不動産登記法改正）「答申書」司法書士論叢（THINK 会報）98 号（日本司法書士会連合会，2001 年）120 頁。
5) 今村与一「不動産取引における意思主義の理解」飯島紀昭・島田和夫・広渡清吾編『市民法学の課題と展望──清水誠先生古希記念論文集──』（日本評論社，2000 年）674-675 頁。

2. 制度・構造上の問題

(b) 公証人の法律専門家としての責任

これについては,「仮に公証人が形式的な審査権だけしか有しないとしても [6] 関係人が弁護士等法律専門家でない限り,公証人は,聴取した生の事実を基礎として公正証書を作成する以上,契約であれ単独行為であれ,当該法律行為に係るさまざまな関係人の存在,同行為がこれらの者に及ぼす有利又は不利な法律効果,当該法律行為を行う目的等を」「資料に基づき法律専門家として当然の事ながら汲み取り認識できる立場にある。一般私人が公証人に対して有する社会的信頼に法的に応えるためには,その旨の明文規定の有無を問わず,公証人は,一般的な業務上の注意義務として擁護義務を負担するというべきである。日本の公証人法 26 条は法令違反等の証書作成を禁じることによって,いわば一定の場合に職務の執行を拒絶し,間接的に関係者の利益を保護していると見るのもあながち極論とはいえない」,「このように考えるなら,単に審査義務に係る明文規定がないことを以て同規則 13 条を狭義に解し,訓示規定にしてしまうことには強い疑念を感ずる。公証人は法律専門家として後見的な擁護義務も含む職務上の義務を負担し,専門家責任を負担すべきである」[7] との見解がある。

(c) 若干の検討

これは,近時注目されてきた,「専門家責任」法理に関する議論を踏まえての主張と思われ,このように解すること自体,確かに一般私人の法感情には合致するといいうるように思われる。

しかし,上記のように公証人が,「法律専門家として後見的な擁護義務も含む職務上の義務を負担し,専門家責任を負担すべき」と考え,より積極的に当該法律行為に関与していくこと自体基本的には望ましいものの,根拠規定がない以上,公証人の個人的努力に頼る状況に変わりなく,同法理の考え

---

6) この見解については,本文次節で取り上げている,最判平成 9 年 9 月 4 日民集 51 巻 8 号 3718 頁において,公証人の審査権を限定的に解釈している点を受けてのものである。

7) 今西康人「ドイツ法における公証人の教示義務の拡大」関西大学法学研究所公証制度研究班編『第 7 章公証制度の歴史と現在』研究叢書第 41 冊(関西大学法学研究所,2010 年)186-187 頁。

(2) 実質的審査義務の内容・範囲

さらに，公証人の実質的審査義務の内容・範囲について考察してみる。

(a) 公証人の実質的審査義務の内容・範囲

まず，判例は，審査の範囲として，公証人の審査権限は，嘱託手続の適法性のみならず，法律行為の実体法上の有効性にも及ぶものと解されている。

すなわち，最判平成9年9月4日民集51巻8号3718頁では，「公証人が公正証書の作成の嘱託を受けた場合における審査の対象は，嘱託手続の適法性にとどまるものではなく，公正証書に記載されるべき法律行為等の内容の適法性についても及ぶ」と説示している。

ただし，調査義務の判断基準については，「公証人は公正証書を作成するに当たり，聴取した陳述（書面による陳述の場合はその書面の記載）によって知り得た事実など自ら実際に経験した事実及び当該嘱託と関連する過去の職務執行の過程において実際に経験した事実を資料として審査をすれば足り，その結果，法律行為の法令違反，無効及び無能力による取消し等の事由が存在することについて具体的な疑いが生じた場合に限って嘱託人などの関係人に対して必要な説明を促すなどの調査をすべきものであって，そのような具体的な疑いがない場合についてまで関係人に説明を求めるなどの積極的な調査をすべき義務を負うものではない」，としている。

次に，審査の対象・手段としては，「法律行為の有効性の点（公正証書の本旨に関する部分）についていえば，当事者の口頭又は書面による陳述の適法性であり，公証人法26条の違法，無効事由等の有無を審査することである。」。公証人法施行規則13条によると，「その法律行為が有効であるかどうか，当事者が相当な考慮をしたかどうか又はその法律行為をする能力があるかどうかについて疑いがあるときは，関係者に注意をし，かつ，その者に必要な説明をさせなければならない」とされている。「これは，法律行為の有効性等について具体的な疑いがある場合についていわれていることである。したがって，このような場合に，嘱託人等に説明を求めることができること

2．制度・構造上の問題

は明らかであるが，それ以上に審査権限又は審査義務をもつ旨の規定はない。また公証人は，嘱託人等に説明を求めることができるとはいっても，関係人は公証人に対して説明義務を負わないものと解されている。そして公証人はそれ以上に証拠収集権限を有するものではなく，関係者も公証人に対して文書等の提出義務を負うこともない。このように弱い審査権限を有するにすぎない」[8][9]，とのことである。

(b) 若干の検討

以上の実質的審査権については，（公証人には違法無効な法律行為を内容とする公正証書を作成すべきでない債務を課せられるといっても），当該法律行為の効力についての実質的審査義務との関係をどのように把握するかについては，これを限定的に把握しようとする立場から拡張的に把握しようとする立場に見解が分かれる[10]，ということである。

しかし，公証実務の支配的見解としては，「公証人が法律行為の効力について，実質的審査の義務と権限を否定するものではないものの，原則として

---

8) 日本公証人連合会・前掲注(3) 21頁。
9) なお，公証人は，登記官と同様形式的審査権を有するにすぎないといわれることについて，「登記官の審査は，申請に当たって提出された書類と既存の登記簿のみを審査の資料とする窓口的審査であり，申請書類以外の資料は参酌してはならないいわゆる書面審査であり，口頭審訊は原則として行ってはならない」とされているのに対し，公証人の審査権限は，「書面審査に限定されず，法律行為の有効性等について具体的な疑いがある場合には嘱託人等から説明を求めなければならないとされており（規則13条），このような場合に説明を求めることができるのは明らかであるから，弱い権限ではあるが，実質的審査権であるとあるといえよう。」，それにもかかわらず，公正証書の作成は，「権利関係を確定するものではない。」「公正証書には判決のような既判力はない」，「無効，違法な公正証書によって不当執行がされたとしても，債務者から債権者に対する金銭賠償によって損害を回復することが予定されている。」このような公正証書作成行為の「公証」としての性質に対応して，公証人には，資料収集の権限が与えられておらず，わずかに法律行為の有効性等について具体的な疑いがある場合に，嘱託人らに説明を求める権限を認めているが，相手方にはこれに応ずる義務もないものである。したがって，通常は，出頭した嘱託人等の陳述や提出された委任状等の関係書類を審査するという形式審査の限度でよいのである。このような意味で，公証人の審査は，形式的審査であるといわれているのであろう。」，とのことである（日本公証人連合会・前掲注(3) 21-2頁。）。
10) 福永政彦「公証人の実質的審査義務と公証業務の姿勢」公証法学第31号（日本公証法学会，2002年）103頁。

4 公証制度の発展と課題（第2部・完）

当該事件の嘱託の際の関係者の陳述と提出された関係書類から法律行為の効力を審査すれば足り，その意味では形式的審査に止まるとみることになる。公証制度の仕組みと制約から，公正証書の内容となる法律行為に瑕疵の生じることはある程度不可避であり，瑕疵の存在が直ちに審査義務違反に結びつくことにはならないとする立場とみることができる。」[11]ということである。

結局のところ公証人は，予防司法の担い手として，公証制度に対する信頼性を確保するために，法律行為の内容に瑕疵のない公正証書を作成すべき責務を負っていることは確かであるが，公証人自身も，「このような責務を自覚しながらも，先にみたように客観的事実との不一致，違法，無効な法律行為を内容とする公正証書の作成を回避するための制度的保障がなされているとは言えないというだけでなく，迅速処理の要求の中で，法律行為の内容に瑕疵のない公正証書をいかにして作成するかについて悩むことになるのである。」[12]。

さらにいえば，既に見てきたように，現行法では，問題があると感じた契約につき，公証人は，注意・教示・勧告をすることはできても（公証人法施行規則13条），資料収集権限もなく，公証人に対して誰も証言義務・鑑定義務・文書提出義務・求説明義務がないのであるが，その一方で，文書作成義務が課せられているため，明らかに不適法な場合や，無効，能力制限による取消事由がない限り嘱託拒絶の正当な理由（公証人法第3条）にはあたらないと解されている。

これでは，公証制度を経由しても，問題がある契約書等が作成されることを防ぐことができず，制度を利用することが，そもそも後の紛争を防止することにつながるのか，あるいは，公証制度に予防司法的作用があるといいきれるのか，全く疑問といわざるを得ない。

以上，ここまでの観察からは，次のことがいえそうである。

第1部で既に指摘したように，多くの事例を検討した結果，公証人法上の審査権限等の強化，教示義務の法制化が必要との結論を得たが，法的側面を

---

11) 福永・前掲注(10) 104頁。
12) 福永・前掲注(10) 103頁。

概観しただけで,この結論の妥当性が理解できそうである。

3.今後の制度的発展について

　ここからは,前章までの検討を踏まえた上で,今後の制度的発展の可能性について検討を加える。

　ここでは,公証業務の拡大の展望[13]をどのように描くことができるかを,主要業務である法律行為公正証書に焦点を絞って検討していくが,特に,「執行証書の対象範囲」,「必要的公証事項等の拡大」を中心に,各提言等にある内容を具体的に検討し,最後に個別の課題について考察を加える。

(1) 公証人の立場からの立法政策上の提言について

　最初に,公証人の立場からの立法政策の課題として,日本公証人連合会が,平成12年4月26日付で法務省に対し「公証制度の改善に関する提言」[14]が出されており若干の整理検討を行う。

(a)「公証制度の改善に関する提言」の内容

　これは,経済界において,「取引の方法及び内容等に関して,大方の予想を上回る大きな変動が起こりつつある。また,司法改革が焦眉の課題とされ,司法制度改革審議会の審議における改革の方向について,国民から深い関心が寄せられている。このような客観情勢のもとにおいては,司法制度の一端を担う公証制度が旧来の形態と運営のままに留まることは,最早許されないであろう。公証制度に,時代の要請に則した,司法改革の一環としての改善を行い,これに関する国民の期待に応える必要がある。改善の内容は,公証制度を利用する国民の利便を増進するとともに,法律上の係争を未然に防止する予防司法の作用を一段と充実させ,もって裁判所の負担の軽減にも資するものでなければならない。」との認識に基づき提言されたものであっ

---

[13] 公証人古川氏は,今後の公証業務の拡大の展望をどのように描くことができるかについて,主要業務である法律行為公正証書については,「①執行証書の対象範囲の拡大,②必要的公証事項等の拡大,③一般市民層への普及」(古川元晴「公証業務の現況と展望——真の予防司法の充実・発展に向けて——」公証法学第34号〔日本公証法学会,2004年〕30-31頁。)に分けて分析している。

[14] 日本公証人連合会「公証制度の改善に関する提言」公証第128号113-120頁。

4 公証制度の発展と課題（第2部・完）

た。

その内容としては，1.公正証書の機能の拡大，2.認証の対象の拡大，3.遺言登録の制度化，4.公正証書の承認執行を掲げており，きわめて踏み込んだ内容となっている。特に注目すべきは，「1.公正証書の機能の拡大」における，(1)金銭等の支払いを目的としない請求権についても執行証書を作成することができるものとすること，「(3)離婚又は離縁の合意が成立し，これについて公正証書が作成されたときは，直ちにその効力を生ずるものとすること。」である。

(b) 若干の検討

まず，(1)であるが，具体的には，「①不動産又は人の居住する船舶等の引渡し又は明渡し，②動産の引渡し，③意思表示」の3点を挙げている。

その理由として，「昨今の流動的な経済情勢とますます複雑さを増している取引の実情等に鑑みると，金銭の支払いを目的としない請求権についても，一定の範囲において執行証書の作成を容認することが必要かつ有益であると考えられる。不動産その他の物を対象とする様々な類型の取引において，物の引渡しや登記手続等の履行について執行証書を作成することにより，簡易に請求が実現され，ひいては裁判上の係争を予防する効果が期待されるからである。」。また特に意思表示の効果の実現は，狭義の強制執行には該当しない，と断った上で，「登記義務の履行に関する意思表示を執行証書の対象に加えることにより，不動産の登記手続を簡素化し，取引の合理化に寄与するところ大であると考えられる。」としているのである。

次に(3)であるが，ここでは，「給付等に関して，合意に到達するための調整については，家庭裁判所の家事調停が用意されている。他方，その合意が既に成立している場合において，簡易かつ迅速にその内容をとりまとめたうえ，効力を確保するには，公正証書の利用が最適である。」「公正証書における形成効が制度化されるならば，プライバシーを最大限に維持しながら，将来における給付等を確保する迅速，確実な方法として，大いに利用されるものと予想される。」と説明されている。

その他，「4.公正証書の承認執行」に至っては，「外国の公正証書の承認

3．今後の制度的発展について

執行につき，条約の締結と批准を推進し，併せてこれを受け容れる国内の規定を整備すること。」が主張されている。

確かに，これらが立法化されれば，国民の利便を増進し，公正証書の紛争予防機能が強化されることは明らかであると思われるが，検討しなければならない課題として，隣接職域諸団体との関係，現状の公証役場の執務態勢など検討すべき課題が数多く，その実現は極めて困難であると考えられる。

しかし，この種提言において多くみられる，現状維持を前提とした小幅な改良にとどまる内容の提言とせず，思い切った内容の提言を行ったこと自体評価できるもので有り，基本的には指示したい，と考えるものである。

(2) 近時追加された公証制度の業務

次に，新たな公証制度の業務として現行法下で追加された主なものを概括し，若干の検討を加える。

平成12年3月1日から定期建物賃貸借制度が借地借家法の一部を改正する法律によって創設されたが，この制度は，期間の定めがある建物の賃貸借契約をする場合，公正証書等の書面によって契約する場合にかぎり，契約の更新がなく期限の到来によって契約が終了するものと定めることができるようにしたものである。

また，任意後見契約に至っては，「法務省令で定める様式の公正証書」によることが義務づけられ（任意後見法3条），これに反すれば，契約そのものが無効と解される。この場合，任意後見契約の公正証書を作成した公証人がその登記を嘱託すべきものとされている点（後見登記の実施に伴い公証人法に追加された57条ノ3）は，従来にない手法であり，注目に値する[15]，とされている。

そして，このような状況に関連して，今村教授は，「果たして，実体的効力にまで踏み込んで書面を義務づける最近の立法が，意思主義のこれまでの通念を塗りかえる動因となりうるのか」[16]とされていた（そもそも日本民法の

---

15) 今村・前掲注(5) 267頁。
16) 今村・前掲注(5) 267頁。

母法は，基本的にフランス法であるが，フランスにおいて，この「意思主義」は，戦中・戦後の経済立法等によって，売買契約は，書面形式によってなされなければならない，と規定され，このような規則化された（法）秩序によって，意思主義が相対化されたのである[17]〔意思主義の原則をなお維持しながらも，実質的には形式主義が導入されたといえる。〕）。

　本稿においては，公証制度が有益な制度となれば，さらに業務の拡大を期待したいと考えるものであり，そのためには，公正証書の作成を義務づけた場合，「意思主義」，「非要式の諾成契約」を原則とする民法に抵触することをも考えなければならないが，上記の例は，社会・政策的妥当性を有していれば，民法の基本原則の例外となる業務等を設けることがある程度可能となってきた，とも考えることができるように思われる。

　そこで，以下，この枠にとらわれず具体的に考察を加えていく。

(3) ラテン系公証人国際連合（UINL）国際会議における議論

　今後の制度的発展を考えるに際して，大陸法系の公証人・公証制度の国際組織であるラテン系公証人国際連合における議論が大いに参考になると考える。

　現に，加盟国の多くの国々では，実際社会において，日本の公証制度以上の役割を担っているからであり，新たな社会的要請に応えるべく提言がなされているからでもあり，参考に資すること大である，と考えるからである。

(a)　第21回ラテン系公証人国際連合（UINL）国際会議

　既に第1部で，1995年にベルリンで開かれた，第21回ラテン系公証人国際連合（UINL）[18]国際会議における，「学術会議第二専門家会議（第二テー

　　　＊教授は続けて，「公証人をはじめとする専門家が，書面化の要請を受けてますます比重が大きくなるその職責を現状の体制のままで担いきれるのか。これらの問題の検討は，喫緊の課題といってよいだろう。」（同・267頁）ともしているのである。

17) Hans Peter Marutschke, *Übertragung dinglicher Rechte und gutgläubiger Erwerb im japanischen Immobiliarsachenrecht. Eine rechtsvergleichende Studie zum japanischen, französischen und deutschen Vertraes-und Liegenschaftsrecht.* (Tübingen, 1997), S. 257.

3．今後の制度的発展について

マ）」において，消費者保護のため契約を通じての法的安全を図る方策，というテーマでなされた議論[19]，（消費者保護の方法としての契約を通じての法的安全を図る方策については，①立法による保護，②行政による保護，③裁判による保護，④公証人の法的助言に基づく適正な契約の公正証書作成による保護等が考えられ，各国ともこのような各種の方策を活用して消費者保護の実現につとめているが，④の公正証書による消費者保護については，公証人の使命として，当事者に公平，公正，中立であり，もし一方の当事者が経済的な弱者であり，法的・専門的知識に乏しいときは，その者に法的助言を与え，契約内容の法的効果や影響を説明し，消費者保護の法規定や趣旨を盛り込んだ契約条項を起案し当事者に示すなどして消費者を保護し，各当事者に公正かつ適正な公正証書の契約を作成するよう努められている），を中心的課題として紹介した[20]。

わが国においても，このような効果が期待されるようになれば，公証人の法的助言に基づく適正な法律行為についての公正証書を作成すべく，公証役場の利用者が増えること，疑う余地はないが，ここではひとまず置く。

(b) 第26回ラテン系公証人国際連合（UINL）国際会議

次に，モロッコ王国マラケシュ市で開かれた，第26回ラテン系公証人国際連合（UINL）国際会議[21]（平成22年10月3日から6日までの日程で開催された大会。）における議論の内容・提言等の概要を紹介する。

---

18) 公証人国際連合（L'Union InternationaleduNotariat Latin（UINL））は，主として大陸法系公証人会の加盟する国際機関であり，公証関係法に関する調査・研究，公証人会の代表者として他の国際機関への参加・協力，公証人の国際協力の推進等を目的として活動している（土屋眞一「公証人国際連合の第23回国際会議及び加盟国の公証制度等について」公証法学第31号〔日本公証法学会，2002年〕129頁）。
19) 日本公証人連合会「第一部 ベルリン国際会議結果報告（第5学術会議 第二専門家会議（第2テーマ）関係報告）」公証114号（日本公証人連合会，1996年）28頁以下。
20) 他に，第一専門家会議では，「公証人の公的権限と社会的機能」，第三専門家会議「現代の生殖医学とその家族法及び相続法に対する影響」，そして第四専門家会議では「近代的担保技術と公証人の役割」が議論されている。
21) 日本公証人連合会「第二部第26回公証人国際連合世界大会等の参加結果」公証164号（日本公証人連合会，2012年）257・326-335頁。

4 公証制度の発展と課題（第2部・完）

テーマⅠ

〔社会の新しい挑戦に対しての公証人と国家との協働特に金融市場の透明性，マネーロンダリング，都市化及び環境問題〕

1. ラテン系或いはシビルローの公証人は，国家から権限を与えられた公的機関或いは公務員として，即ち，社会が直面する新しい挑戦，持続的な発展及び共通の目的を取り扱うものとして，国家と協働しながらも，国家からは独立した信頼すべき存在である。公証人から情報を受け取る公証人の団体は，そのことによって協働を実施していく理想的な制度的なコミュニケーションのチャンネルである等。

2. 規制は効率性の妨げとなる，規制がなければ市場が円滑に運営されていくなどの誤解に基づいた自主規制だけの，あるいは規制のない，更には，規制が有効に行われていない制度では，我々の共通の目的は達成されないと考える。

公証人の団体は，金融市場の取引の安定性を確保するため，国家と協働すべきである。米国のサブプライムローンの問題で明らかになったように，権限文書の欠陥や不正確性，借り手側の契約内容の無視や契約内容の曖昧さ或いは複雑性など法的安定性の確保に十分でない制度に比して，公証人の認証を受けた文書は，担保の設定等において望ましい制度と言えるものである等。

テーマⅡ[22]

〔投資の安全のための公証行為の有用性，特に，公的登記・公示として及び強制執行力の信頼性〕

1. 投資は利潤の獲得を目的としてされる。したがって，投資判断は，利潤獲得の可能性と損失発生の可能性すなわちリスクの状況を見極めない限り行われない。公証業務は，不動産登記の信頼性保証機能と強制執行力によって，投資にかかる法的リスクを押さえ，権利義務や財産に関する取引及び信用供与の場面で権利保護と法的安全の維持に貢献していると考えら

---

[22] 日本公証人連合会・前掲注(20) 331-335頁。

3. 今後の制度的発展について

れるのであるが，協議では，このような見方の正当性が多面的に裏付けられた等。

2. 大陸法系の国の公証人は，まず，公権力を付与された者として，法が遵守されることを保証するいわば番人としての役割を果たすとともに，予防的な司法的機能も付与されているのであり，この機能において，契約当事者に対して司法的解決と同じ保証が与えられ，また，公正証書に真正性が付与されて，高い証明力と執行力が与えられるのである。

大陸法系の制度においては，公証人は，その公証行為に十分の信頼性と適法性があるものと認められているため，紛争予防機能を果たすことができ，執行可能な債務名義をも作成することができる。これにより，公正証書は給付判決と同様のものとなり，債権者は訴訟手続において債務名義を得る負担を免れることができるのである。

登記制度について，大陸法系の制度においては，公示事項の法律的正確性は，当該法律行為に関する文書の作成にあたる公証人により事前に審査される[23]とともに，登記担当部局によってもこの審査が行われる。したがって，登記され公示される事項は信頼できるものとなり，ひいては公示にかかる権原が信頼できるものとなる結果，紛争が予防される。

このように，公証行為には優越的証明力と執行力が付与され，かつ公証行為は登記の信頼性の基礎となっているのであるが，これを経済的側面から見ると，公正証書の執行力は，債権の満足を容易にし，そのための時間と費用と労力を軽減し，もって損失の低減化に貢献する。このことは，他面で，金

---

[23] かつては，フランス土地公示（登記）制度の概要としては，抵当権保存書（登記所）において，抵当権保存吏（登記官）が，提出された証書の謄抄本を帳簿に順に編綴していくというものであることを多くの文献等によって紹介されてきたものである。

しかし，そのフランスにおける土地公示制度の重要な改革となったのが，1955年1月4日のデクレ（décret du 4 janvier 1955）であり，その最も重要な点は，土地登記に際しては，売買契約等に関する公正証書が提出されなければならなくなったことであり，このことによって信頼性が向上したのである（Philippe Simler, Philippe Delebecque, *Droit civil, Les sûretés La publicité foncière*, 4e éd. 〔Paris, 2004〕 p. 741.)。

融機関の融資を促進するものとなり，ひいては，債務者の弁済能力維持という面でも貢献することになる。これらのコストは小さくてすむのであり，訴訟の減少により裁判の遅延を防止することができ，この面でもコスト減をもたらすものとして社会的な評価を受ける等。

(4) 若干の検討

以上，ここでは，多様化した公証人の業務内容の分析及び今後の公証業務に関する提案が多数述べられている。

かなり内容をまとめたものであるが，これだけの役割（当然全部導入するとの前提ではないものの）を日本の現行公証人制度の下で行うことは，到底できそうもないことが容易に理解されると考える。

そこで，主要な課題，個別の業務を取り上げ，わが国に導入する場合の課題等検討する。

(a) 消費者保護的効果への期待

UINL 第21回国際会議の報告は，きわめて有益な検討・分析であると思われるが，消費者保護的効果への期待には，わが国の事情を考えたとき，若干の検討を要するように思われる。

まず基本的課題として，消費者被害あるいは消費者紛争と呼ばれる紛争は，「消費者や消費者問題の特性からして，消費者が締結した（あるいはさせられた）契約をめぐって争われると言っても過言ではなく，」「したがって，消費者問題や消費者被害の解決の大きな部分が，契約問題であり，かつ，不当な勧誘や不公正な取引によって成立した契約からの解放やそれによる損害の回復が中心課題となっているのである。」[24]。

この面では，消費者契約法の施行（平成13年4月1日施行）が，消費者保護を，一歩進めるものになることはいうまでもなく，このような，新たな法現象を追加して考えたとき，漠然と消費者保護的効果を主張しても，支持を得られない感も残るものではある。

---

24) 日本弁護士連合会 消費者問題対策委員会編「コンメンタール消費者契約法」（商事法務研究会，2001年）92-93頁。

3．今後の制度的発展について

(b) 執行証書の対象範囲の拡大について

UINL第26回国際会議においては，執行証書の実際社会における有用性が主張・確認されており，「公証制度の改善に関する提言」においては，執行証書の対象範囲の拡大が主張されている。

わが国では，この問題については，度々提言等されているのであるが，しかし，総論的には，公証人側が，非常に消極的な姿勢をとり続けてきているように思われる。

この主たる要因は，「理論上の理由で，公証制度の基本的構造自体に限界が内在している」[25]とされている点にあり，この点は，既に，第1章で見てきたとおりであり，逆にいえば，公証人法上の審査権限等の強化を図ることで，今後の業務拡大への展望が開かれることにもなってくるように思われる。

また，「現行法では，法令違反等の疑いが具体的な程度に達しているかどうか，公証人によって取り扱いが異なるおそれがあり，厳格に解する公証人を嫌がって，審査の甘い公証人に悪質な業者が集中することも考えられる。したがって，具体的な疑いがない場合にも，公証人の説明・助言義務のあることを法律上明確にしておくことで，公証人によって取り扱いが異なることがないようにすべき」[26]，とも考えられるものである。

(c) その他

また，執行証書の対象範囲の拡大の他，不動産登記の信頼性保証に関し，登記申請前に公証役場を経由することの提言が，個人として，あるいは，日本公証人連合会から出される理由の1つに，このようなUINL国際会議での議論に触発されている部分もあると思われるが，しかし，現状では，そもそも日本の公証制度を，ラテン系公証人国際連合に加盟している主要国と同一

---

25) 古川・前掲注(13) 35 頁。
26) 江野 栄・猪股 正・辰巳 裕規「公正証書による被害の現状と公証人法改正の方向性」自由と正義56巻4号（日本弁護士連合会，2005年）83頁。
 ＊なお，この見解について，直接的には，商工ローン業者が公正証書を乱用して生じた被害者の急増を背景として，その対策を検討している過程で述べられているものである。

視し，そのまま各種制度の導入が可能であるとは思えないのも事実である。

4．結　び

　以上見てきたように，「公証制度の改善に関する提言」，UINL第26回国際会議で検討された業務・提言をわが国において現行制度で行うことを考えるだけで，公証人法の大幅な改正が必要なことが容易に理解できる。

　法律制度が現実の社会のなかで活きた制度としてその機能を十分に発揮していくためには，時代の要求に即応し，絶えず変革していかなければならず，公証制度もまた，その例外ではあり得ないのであるが，現状は，今後の発展を考える以前に，現行法・制度の枠内での業務の追加を行うこと自体，不安を感じるものである。

　今後の公証制度の発展を考えるとき，第1部での結論である「審査権限等の強化」，「教示義務の法制化」が最低限の改革であって，それ以上の周辺領域を含めた改革の必要性あり，を結論とし本稿を終えることとする。

〔三野寿美〕

5 アメリカの医療制度
―保険改革法を中心とした制度改革の考察

石原奈津子

【要　旨】

　アメリカは，先進国で唯一いわゆる国民皆保険体制を持たない。政府不信の強い伝統，人種・民族構成の異質性，非政府慈善組織が発達しており，他国では政府の領分とみなされる問題まで処理している，機会平等が大きく，所得分布は個人の努力と能力の結果とみなす強い信念のある，などの特色を反映して，公的部門によるすべての国民を対象とする医療保障制度は存在してこなかったのである。自立と自助の原則が貫徹しており，中核となる雇用主提供雇用保険も大企業が福利厚生として自主的に行ったものである。一方で，公的医療保険や医療扶助も多岐に渡り，医療サービスと医療保険からなる地域市場が形成されている。

　国民皆保険制度を貫く日本とは対照的に，アメリカは，多くの国民の医療保障が市場経済の論理に委ねられ，国民医療支出の膨張と無保険者の増加という２つの問題を抱えている。市場に任せた結果が，大勢の保険に加入できない者・あえて保険加入をしない選択をする者たちであり，マネージドケアに見る保険者機能の限界であり，上昇を続ける医療価格である。アメリカにおいてはむしろ公的規制の及ばないことが医療費を膨張させていると言われる。医療に関する法と政策の課題が，常に，医療へのアクセス，提供される医療の質，そして一定水準の医療を継続的に供給するためのコストへの配慮の問題だとすれば，大きな改善の余地があると言える。

　2009年以降の民主党オバマ政権において医療保険改革法が成立し，国民皆保険を実現させているが，これが歴史的偉業となるか否かは今後の動向を見なければ分らない。この法律の成立にあたってその違憲性が最高裁で争われ，2012年，事実上の合憲判決が出されている。その内容は，問題となった連邦法が合衆国憲法による議会制定権限の範囲を越えているという観点からのものであり，ここにもアメリカ的特質が見られる。

　一方で，日本においては，2011年に混合診療原則禁止の法解釈に関する

5 アメリカの医療制度

最高裁判決が出されている。国民皆保険が貫かれてはいるが，制度設計や適用基準の不明確さ等制度運用に大きな問題があることを指摘されることが多い。医療費の抑制が重要な課題とされ，医療分野への市場原理の導入が提唱されているが，市場原理を原則とするアメリカの抱える問題の示唆するところは大きい。また，制度の谷間に陥って医療へのアクセスを拒まれている人たちがいないか等，今後も様々な検討の余地があると思われ，アメリカの改革に見られる考え方や手法は重要な意味を持つものと考えられる。

情報の非対称性が存在する医療分野においては，価値を生み出す競争を実現するための規制が必要である。市場に任せきりにするのでも競争を制限するのでもない，質のよい競争の実現は，あらゆる医療市場に共通する課題であると言える。

1．はじめに

アメリカは，先進国で唯一いわゆる国民皆保険体制を持たない。個々の国民が自分の力で医療保障を獲得するという自立と自助の原則が貫徹しており，公的部門によるすべての国民を対象とする医療保障制度は存在しないのである。

国民皆保険制度を貫く日本とは対照的に，多くの国民の医療保障が市場経済の論理に委ねられ，民間での医療保障，特に雇用主提供医療保険が重要な位置を占めている。そして，国民医療支出の膨張と無保険者の増加という2つの問題を抱えている。

結果として，アメリカの医療保障システムは，社会的なセーフティネットとしての機能が著しく小さくなっている。医療に関する法と政策の課題が，常に，医療へのアクセス，提供される医療の質，そして一定水準の医療を継続的に供給するためのコストへの配慮の問題だとすれば，大きな改善の余地があると言える。

本稿においては，市場原理が基本とされるアメリカの医療システムを考察する。日本においては，医療費の増大に対処すべく医療分野の競争促進が提唱されているが，アメリカにおいてはむしろ公的規制の及ばないことが医療費を膨張させていると言われる。

また，昨今アメリカでは無保険者をなくすための医療保険改革法が成立しているが，その違憲性が最高裁で争われ，事実上の合憲判決が出されている。一方で，市場原理の導入が提唱されている日本においては，混合診療原則禁止の法解釈に関する最高裁判決が出されている。これらについて比較検討する。

2．アメリカの医療保障システムの概要

(1) 民間医療保険を中核とする医療保障システム

(a) 雇用主提供医療保険

アメリカの医療保障システムには，市場経済におけるもっとも重要な契約のひとつである雇用関係の中で，賦課給付という形の雇用主提供医療保険がある。雇用主が被用者やその家族や退職者に対してフリンジベネフィットのひとつとして提供する医療保険である。1940年代の戦中から戦後にかけて，企業が労働力確保と労働組合への対応を目的に，民間ベースの医療保険を積極的に提供するようになったことから急速に普及していった。この企業の経営判断により従業員に提供される医療保険が，市場経済を重視して自立と自助を原則とするアメリカの医療保障システムの中核をなしている。これが，アメリカの医療システムの大きな特色である。

医療保障システムの中核をなすが，雇用主による医療保険の提供そのものが任意であり，雇用主はその提供を法的に義務付けられていないし，被用者にも加入の義務はない。その中で提供する保険プランには裁量があり非常に多様である。しかし，現実には大企業の大半が医療給付プログラムを提供しているため，結果として中核的な保険となっている。したがって，一方においては，無保険者が存在することとなる。

雇用主は，自らの保険給付の責任を全部あるいは一部引き受ける自家保険契約を結んで購入した医療保険を提供している。自家保険は，州保険料税が課されず，法定医療給付義務を負わず，自社で医療給付準備金を保有，運用することが出来るため，8割以上の大企業で少なくとも医療保険の1つを自家保険で提供している。政府は租税優遇措置や公的規制などを手段として雇

用主提供医療保険を通じた医療保障を支援し，誘導しているのである[1]。

民間医療保険のプランは，従来型出来高払いプランとマネージドケアプランに大別できる。従来型出来高払いプランでは，保険者と医療サービスの提供者は独立して活動しており，患者が自由に医師を選択し，医師自らの裁量で病気を診断し，適切な治療方法を選択し，その診療報酬は出来高に応じて支払われる。一方で，マネージドケアプランでは，保険者が医療サービス提供者と報酬の支払について交渉し，契約関係を結んでネットワークを形成し，さらに診療内容審査などの医療サービスの提供面に介入する手段を持つ。不要な入院，手術，検査などを防止し，医療費を抑制するための手段であると言える。

(b) 雇用主提供医療保険依存の問題点

雇用主提供医療保険に依存した医療保障システムは，アメリカ経済の産業構造の変化，労働編成の再編を反映せざるをえず，医療保障の不安定な層をますます拡大させている。

コスト抑制に関心のある企業は，マネージド・ケアプランを活用して，コスト抑制戦略を実践していったが，企業が労働組合との労使交渉などを経て確立した医療給付プログラムを根本的に変えるのは容易ではない。医療給付コストの抑制がままならない一方で，労働組合員と非組合員，現労働者と退職者との間での医療保障の格差を広げることとなった。

また，雇用から排除された者に限らず，労働市場の下位集団におかれるものも無保険状態に陥っている。2000年以降製造業に代わり雇用の受け皿の中心となりつつある小売・サービス業では非正規雇用が多く，医療保険の提供される可能性の低い就労形態が雇用の受け皿の中心になりつつある。非正規雇用の増加などの労働編成の再編により不十分な医療保障しか行わない企業が台頭し，医療保障からの雇用主の後退が考察される[2]。無保険者の問題

---

1) 櫻井潤『アメリカの医療保障と地域』（日本経済評論社，2012年）3頁。
2) 例えば，WM社は被用者のおよそ9割が何等かの医療保険に加入している一方で，WM社の提供する保険プランへの加入率は46.2％（2006年1月時点）にすぎず，さらに被用者の5％がメディケイド受給者である。

2. アメリカの医療保障システムの概要

は,貧困・低所得者層だけではなく,より幅広い層の労働者が直面しうる問題として深刻化している。

(2) 地域市場と公的医療保障制度

(a) 公的医療保障制度

アメリカの医療保障は,雇用主提供医療保険が中核となり,現役世代の人々は市場経済で「稼ぐ」ことで得た自分の経済力で民間医療保険を購入し,疾病のリスクに備えるのである。

一方で,公的医療制度が存在しないわけではない。市場経済で十分な経済力を稼ぐことができない人々は,政府部門から公的な医療保障を受ける。中核が雇用主提供医療保険であるとはいえ,国民の30.6％がメディケア,メディケイド,CHIPといった公的医療保障制度を通して医療保障を獲得しておりその対象は相当広い。これらの公的な医療制度も,出来るだけ自立と自助の原則に出来る限り整合的な形で設計されていると言える。

そして,民間医療保障制度にも公的医療保障制度にも保障されていないいわゆる無保険者の存在が問題となっているが,彼らが怪我をしたり病を抱えたりしたときには,地域病院や地域の診療所などで提供される割引医療やフリーケアを利用することが出来る(が,確実な保障ではなく,不安定な生活を余儀なくされている)。

公的医療保障制度と各地域の多様な割引診療やフリーケアが医療を受ける最終手段として存在していることが,市場経済を重視して自立と自助を原則とする医療保障システムを可能とする不可欠な装置として機能している[3]。

(b) メディケア(公的医療保険)

メディケアは,連邦政府が管理・運営する公的医療保険である。全米で最大規模の医療保険であるが,雇用主提供医療保険と並行して発展した地域市場を土台として創設されている点で他の先進諸国の公的医療保障制度と大きく異なる。

1965年,社会保障修正法により成立し,1966年7月から施行された。入

---

[3] 櫻井・前掲注(1) 4頁。

院保険（パートA），補足的医療保険（パートB）からなり，これらはオリジナルメディケアと呼ばれている。1997年には，メディケアチョイス（パートC）が，2003年には，処方薬給付（パートD）が創設されている。

メディケアからの給付を受ける資格を持つ受給資格者は，社会保障年金を受給する65歳以上の高齢者，65歳未満の身体障害者，末期腎臓疾患患者である。パートAのみが，現役世代がメディケア社会保障税の支払い義務を負っている強制加入の保険である。

パートAは，ほぼすべての65歳以上の高齢者が受給資格を有しており，実際に受給者となっている。社会保障年金あるいは鉄道退職者給付を受給している場合に，65歳の誕生月から受給開始され，多くの受給者の保険料は無料である。ただし，すべての医療サービスがパートAの給付で賄われるわけではなく，患者自己負担が必要な場合もある。

パートAの受給者はパートBへの加入を選択することが出来る。また，パートAおよびパートBの受給者は，パートA・Bの代替としてメディケア・アドバンテージ（パートC）を選択することが出来る。また，パートA，BおよびCの受給者は，パートDを選択することが出来る。

(c) 医療扶助（メディケイド・州児童医療保険プログラムCHIP）

メディケイドは，一定要件を満たす低所得世帯の子供，成人，高齢者，障害者を対象とする州政府が所轄する医療扶助である。アメリカの医療扶助には，このほか，メディケイドの受給要件は満たさないが，民間医療保険の保険料支払いが困難な低所得世帯の子供をカバーする州児童医療保険プログラムと州・地方政府独自の医療扶助がある。

メディケイドは，いわゆるワーキングプアの働く親とその子供，深刻な障害を抱えた人，所得の低いメディケア受給者などが有資格者である。個人単位での適格審査で受給資格が認められてはじめて受給資格者となり，実際に受給が開始される。

要扶養児童家族扶助の受給資格者，家計収入が連邦貧困ライン133％以下の妊婦および6歳未満の子供，家計収入が連邦貧困ライン100％以下の6歳から19歳の子ども，18歳未満の子どもを介護する者（親族あるいは後見人），

2. アメリカの医療保障システムの概要

補足所得補償の受給者などの要件を満たす人を受給資格者とすることを，連邦政府は州政府に義務付けている。州政府は，自らの裁量で，所得要件などをより寛大にすることで，メディケイドの受給資格者を拡大することも可能であり，連邦政府は80年代半ばから，州政府に受給要件の寛大化を義務付けてきた。

(d) 地域市場

各地域の医療サービス市場と医療保険市場で構成される地域市場は，アメリカの医療システムの基盤をなしている。

医療サービス市場は医療機関と地域住民の間で医療サービスが取引される場であり，地域性が色濃く反映されると言える。医療サービスの消費者の大半は医療保険や医療扶助の加入者である。

医療保険市場では，保険会社（マネージドケアを含む）が各地域の医療機関との契約に基づいて様々な種類の医療プランを開発し，それらを販売する一方で，地域住民はそれらの保険プランに加入することで医療保障を獲得している。保険会社は，それぞれの地域に支店や子会社を構え，その地域保険市場の実情に合わせて保険プランを販売する。メディケアの保険者は連邦政府であるが，保険者としての業務の多くの部分を保険者に委託している。州政府もメディケイドやCHIPの保険者の役割の多くを保険会社に委託しており，むしろそれが一般的である。

雇用主と保険会社やマネジドケア組織の間の交渉に基づく医療保険プランの内容が，全米それぞれの地域の医療サービス市場や医療保険市場の実情や諸条件を前提として決定される。この，医療保障システムの中核である雇用主提供医療保険の契約と交渉のプロセスが，各地域の医療サービス市場や医療保険市場の構造を強く規定している。連邦・州・地方政府は，公的医療保障制度の運営等を通じた財政資金の投入や公的規制を手段として医療サービス市場に財政資金を投入し，医療サービス市場の発展を促し，地域保険市場の条件整備を行っている[4]。

---

4) 櫻井・前掲注(1) 10頁。

3. アメリカ医療の問題

(1) 無保険者

(a) 無保険者の存在状況

強制加入の国民皆保険制度を持たない医療保障制度のもとでは，公的医療保障制度に受給資格を持たず，民間保険に加入する経済的な余裕や機会に恵まれない場合が必然的に生じる[5]。アメリカには，医療の質を問う以前に，医療へのアクセスを実質上拒否されている人が約4,700万人（人口の15％）もいる。

90年代以降の無保険者増加の最も主要な理由は，雇用主提供保険制度の加入率の低下である。保険料の高騰を背景に，多くの企業が負担増をきらって保険給付の提供を縮小している。民間医療保障に依存している限り，医療保障を得られる層と，貧困・低所得などで医療扶助の受給要件を満たす層との間に，固定的な無保険者あるいは加入の不安定な流動層が存在してしまう。

無保険者は，18歳から64歳までの成人が圧倒的に多い[6]。民間医療保険，公的医療保険，医療扶助などを含めると，国民全体の約85％がなんらかの医療保障への加入・適用を受けている。ただし，強制保険であるメディケアパートAにカバーされる65歳以上の高齢者と65歳未満の非高齢者を区

---

[5] 医療保険が提供されている職場で働いていても加入を辞退しているケースもある。雇用主が多くを負担するとはいえ，自分が支払わなければならない保険料や自己負担分を支払うことが困難，あるいは高いと感じる従業員は保険に加入しない。

[6] 65歳以上の高齢者については，2007年度には，93.2％がメディケアを受給し，98.1％が民間医療保険を含めた何等かの医療保障を受けている。メディケアのみは26％であるのに対し，追加的に医療保険に加入しているのは74％である。中でも雇用主提供医療保険に加入している割合は34％であり，メディケイドなど18％を上回って最も多い。高齢者は，退職者として，または働き続けることによって，雇用主提供に加入しているが，90年代より退職者医療給付プログラムを提供する企業は減少している。一方，非高齢者については，2006年には6割以上が自らの雇用先あるいは家族の雇用先で提供される医療保険に加入している。また17.5％がメディケアやメディケイドなどの公的医療保険に加入あるいは医療扶助の適用を受けており，6.8％が個人で直接保険会社から保険を購入している。

3. アメリカ医療の問題

別してみると，65歳以上の高齢者のほとんどが医療保障を受けているのに対し，非高齢者では8割ほどしか医療保障を受けていない。

65歳以上はメディケア，18歳までの児童はメディケイドやCHIPに加入できる可能性が高いが，特に子供を持たない成人層はどれだけ所得が低くても公的医療保障を受けることが難しい。個人購買保険の保険料はより高く，公的医療保険の受給資格も制限があるため貧困成人が無保険のまま放置される結果となっているのである。特に，高校を卒業していない労働者，ヒスパニック等のマイノリテイは低所得が多く，雇用者によって医療保険が提供されていない企業や職種に就いているケースが多いため無保険者が集中する傾向にある[7]。

(b) 無保険者の問題点

無保険者は，医療サービスへのアクセスが大きく制限されてしまう。

コストゆえに，処方箋をもらわない，専門医にかからない，検査，治療を受けないという状況が増える。医療保険加入と個人の健康状態との因果関係を正確に把握するのは困難ではあるが，概ね健康状態の悪化や寿命の短縮を招くと考えられる。無保険者はより健康状態が悪く早死する傾向があり，無保険児童は発達障害，教育上の機会を奪われるケースがみられる。また，無保険者家族は，疾病を患えば健康面，経済面ともに多大な損害を被るため，平穏な生活を送ることが出来ない。

無保険者の問題は，国の経済にも影響を及ぼす。労働者の健康状態の悪化は経済の生産性を悪化させる。慢性病の無保険者が65歳に達し，メディケアに加入した場合，以前から加入していた場合よりも病状が悪化し，より多くの治療を受けねばならない可能性が高く，公的医療保障のコストを高騰させ，政府の財政を圧迫する。また，無保険者の医療費の多くが未払いとなっており，それが政府の負担増や雇用者や消費者に転嫁，すなわち料金の引き上げをもたらす[8]。

---

[7] 天野拓『現代アメリカの医療制度と政党政治』（ミネルヴァ書房，2009年）33頁以下。

[8] 天野・前掲注(7) 43頁以下。

5 アメリカの医療制度

(2) 医療費の高騰

(a) 公的規制の遅れ

アメリカ医療保障制度は，日本と同様，医療費の高騰に直面している。

1970年代以降，問題はとりわけ深刻なものとして認知されるようになった。2007年時点で，総額2兆2,412億ドル，GDPの16.2％を占め，他の先進国と比較してもずば抜けて高い。医療価格が高騰し，保険料が賃金の3倍の速さで増加している。小企業を中心に多くの雇い主が，保険に関するいっそうの多額の支払いを被用者に強いたり，雇用主提供医療保険の提供を取りやめたりしている。これは，野心的な起業家の事業の立ち上げや自動車メーカーの国際競争力の大きな妨げになっている。医療価格がこのままの速度で上昇していけば，メディケアやメディケイドなどの公的医療制度にさらなる圧力をかけることとなる。

なぜアメリカの医療費がずば抜けて高いのかに関して考えられる理由は多岐に渡る。GDP規模の大きさ，高齢化，技術革新が進展すれば医療費も大きくなる。また医療保障システムが複雑で多元的であるため，管理運営コストがかかっているという要因もある。

しかしながら重要なのは，アメリカでは，その政治的な影響力の強さを背景に，医師や病院といった医療供給者の診療報酬や診療活動条件の自己決定権限が，他の国にもまして尊重され，公的規制に服さなかったということである。医師会は，政府や民間保険者による，診療活動や診療報酬に対する介入に強く抵抗し，それを阻止することに成功してきたし，製薬産業も，その強力な政治的影響力を用いて，政府による薬価統制を回避してきた。すなわち，医療サービスの供給者側が，価格設定に関して，他国と比較してより有利な条件を勝ち取ることができた。

一般に医療分野においては，情報の非対称性が存在することから，対策を行わない限りは供給者側が市場において強い権力を持ってしまう。その主たる対策の方法として，政府の公的規制があり，あるいは医療サービスの購買者や支払者側の対抗的な権力行使によって抑制する。実際に，他の多くの国々では，それらのもとに医療費の抑制がはかられてきた。医療システムの

〔石原奈津子〕

3. アメリカ医療の問題

支払いサイドがより強力な市場権力を握り, 診療報酬等に関して医療サービス供給者との間で一元的な交渉を行ったり, 政府が全体的な医療費の予算枠を設定し, 医療供給者の診療活動や診療報酬をコントロールしてきた。日本においても価格規制や参入規制が行われている。しかし, アメリカでは, こうしたシステムが発展してこなかったのである。

このような, 公的規制の遅れがアメリカの医療費を高騰させた点は否めない[9]。医療市場は, 情報の非対称性に対して何等かの措置が講じられていなければ失敗するのである。

(b) マネージドケア

政府による医療費抑制政策がなかなか成果を上げない中で, 民間セクターは独自の対応を取らざるを得なかった。80年代以降のアメリカ経済は, グローバルな競争が激化する状況下で厳しい対応に迫られ, 医療費の膨張に伴う医療保険料が高騰は, 企業経営の重荷, ひいてはアメリカ企業の国際競争力を阻害するものとして認識されるようになっていたのである。

このとき, アメリカ大企業がとり得た方法としては以下のようなものがあろう。1つめは, 医療費負担の被保険者へのシフトである。すなわち, 被用者側の保険料拠出や患者自己負担を引き上げることで雇用主の医療負担を抑制・削減する方法である。2つめは, 医療費負担の保険者あるいは医療サービスの医療提供者側へのシフト, すなわち厳しい購買交渉を通して医療保険料あるいは診療報酬などを引き下げる方法である。3つ目の方法は, 医療給付対象者の選別, すなわち就労形態の多様化のもとでの非正規雇用の増加の中で, 非正規被用者を医療保険の給付対象者から排除するあるいは給付内容を区別するなどして職種による差別化を制度的に導入・強化することであ

---

9) ホーリングワースは,「もし国家が, 医療に対して資金面での介入しか行っておらず, 診療価格や医師の診療活動に対する規制を行っていない場合, 国家がその双方に介入している場合と比較して, 医療サービスの価格はより高いものとなり, その上昇も急激なものとなる」と指摘している（天野・前掲注(7) 58頁）。J. ROGERS HOLLINGSWORTH A POLITICAL ECONOMY OF MEDICIN : GRAET BRITAIN AND UNITED STATES (Baltimore: The Johns Hopkins University Press, 1986) p. 180.

る[10]。

　これらの雇用主のコスト抑制を目的とした医療給付改革は、1980年代から1990年代以降、マネージドケア・プランと連動して実行され、企業は自ら医療費の抑制に本格的に乗り出すこととなったのである。

　マネージドケアは、医療の効率性追求によって医療費の抑制が実現できるという考え方である。それが、保険者による医療サービス提供と消費への介入・管理手段を導入した新しいタイプの保険プラン（マネージドケアプラン）として具体化した。保険者が医師、患者関係に介入し、診療活動や診療報酬を規制することによって医療費の抑制を図るものである。

　典型的なタイプのマネージドケアは、1）患者が受診可能な医師（病院）が制限されている。2）医師（病院）に対する診療報酬が定額払い制度の下に行われる。3）保険者の、医師（病院）の診療活動や給付内容に対する審査機能がきわめて強い。この点、従来型のプランでは、1）患者が受診可能な医師（病院）に制限がない。2）医師（病院）への診療報酬が「出来高払い制度」の下に支払われる。3）保険者の、医師（病院）の診療活動に対する管理・規制がきわめて限定されている。

　雇用者は、負担する保険料の抑制を求めて、従来型民間保険との契約をマネージドケアへと切り替え始め、1990年代には、全民間保険加入者の80％以上を占めるようになり、その後、アメリカの医療費の伸びは抑制傾向に転じる。

　しかしながら、それも長続きはせず、2001年以降、アメリカ医療費は再び急騰し始める。

　背景には、医療費の抑制を優先するマネージドケアを規制し、加入者が医療サービスや医療施設にアクセスする権利を保障する「患者の権利」保護法[11]が、連邦レベルでは成立には至らなかったもののいくつかの州で導入

---

10) 長谷川千春『アメリカの医療保障 グローバル化と企業保障のゆくえ』（昭和堂、2012年）6頁。
11) 共和党のブッシュ政権下、マネージドケアによる過少治療の行き過ぎを正そうとする一方で、医療過誤訴訟による賠償金を限定しようとする内容であった。

3. アメリカ医療の問題

されたことがある。マネージドケア側も患者やメディアの批判を受けて，事前審査の撤廃など，保険者による診療内容の管理・規制の緩和に向かった。一方で，診療内容や報酬に関して厳しいチェックにさらされてきた医師・病院側も合併や相互提携によって，保険者との交渉力を強化していった[12]。いったんは，アメリカの医療費を押し下げたマネージドケアであるが，現在では医療費抑制効果に陰りが見られるようになっているのである。

(3) 政府の役割
(a) 社会インフラとルールの整備

アメリカは，GDP 比で日本の倍近くのコストをかけている一方で，平均寿命や乳児死亡率の推計値は芳しくない。医療の質を確保した上での医療費の抑制は不断の課題であるが，アメリカの場合無保険者に対する医療の状況と密接に関連していることは明らかであろう。

医療へのアクセス，提供される医療の質，そして一定水準の医療を継続的に供給するためのコストへの配慮，これらは常に医療に関する法と政策の課題である。政府は，医療費削減と保険への加入に関する問題に取り組まなければならないが，医療政策全体を見据える枠組みを持って，すべての国民に良質の医療を提供できるようにしなければならない。

マイケル・ポーターは，このような抜本的改革において，政府が果たす基本的な役割は，価値を向上させる競争を可能にする社会インフラとルールを整備することであり，適切な競争すなわち診療の実績を軸とする競争が行われるような環境を確保することであると主張している。

具体的には，すべての病態に対するリスク調整後のアウトカム評価法の開発を監督し，診療実績の報告を義務化し，価格設定の新たなルールを決め，IT の導入を促進する。同時に，すべての国民が医療保険を利用できるようにし，保険の最低限の適用範囲についても共通の基準を設けるといったことである[13]。

---

[12] 現代において医療の内容を決めるのが，患者でも医師でもなく医療保険会社や組織であることへの抗議から，アメリカ医師会が「患者の権利を擁護するのが医師の義務である」と宣言している。

(b) 価値を向上させる競争

　市場に任せておいた結果，患者は保険料を心配し，医療の質に満足できないでいる。雇用主は，保険料の増加を危惧しつつ従業員の不満に対処せねばならない。医療関係者は収入減に悩まされ，書類作業や事務作業の負担増に苦しんでいる。保険者は非難の的とされ，医薬品メーカーは医療費高騰の元凶とされている。政府は予算を管理しきれなくなっている。コスト削減の努力を必死に行っても，医療費は高く増え続けているし，医療の質の問題は解消されていない。競争によって最高の医療提供者が報いられることはなく，劣った者が撤退を余儀なくされることもない。

　アメリカの医療システムは，公的規制の遅れがむしろ，制限付のアクセス，高いコスト，質の低下という3つの問題を引き起こしているとも言える。しかしながら，最も根本的な問題は，医療の供給体制が破綻していることにあり，それは競争が破綻しているからである。競争を制限するのではなく，競争の本質そのものを診療の実績を軸とする競争へと改革することである。医療関係者はそれぞれ自分の利益のために行動しているが，医療の価値を向上させるステップを踏み出すという好循環へと導く。それを可能とする社会インフラとルールの整備をすることが必要である。

4. アメリカの医療制度改革

(1) **各政党の政策的立場**

(a) 民　主　党

　政府は，医療費削減と保険への加入に関する問題に対してどのように取り組み，どのような枠組みを持って，すべての国民に良質の医療を提供できるようにしていくのか。これに関して，政党間での対立が明らかである。

　1990年代以降，民主党は，政府のみならず企業の役割を重視した改革を行おうとしてきた。リベラル派を中心に，公的医療保障制度や公的な規制など政府の役割の大きな拡張を打ち出し，民間保険の縮小・廃棄を主張してき

---

13) マイケル・ポーター『医療戦略の本質——価値を向上させる競争——』（日経BP社，2009年）589頁以下。

4. アメリカの医療制度改革

た。

　また，民主党内ではリベラル派と穏健派の間に政策的対立が存在する。

　リベラル派は依然として政府の役割の大幅な拡張に基づく改革を重視するのに対し，穏健派は，雇用主提供保険制度を中心とする民間保険に重点を置き，市場競争，そして財政均衡を重視する改革路線をとる。

　1980年代以降台頭してきた穏健派は，医療は単なる個人責任に帰すべき問題ではなく，教育等と並んで我々の個人的・集団的な繁栄にとって重要な存在とみなす。すべてのアメリカ人は，質の高い医療を受ける機会を平等に享受すべきであり，そのための国民皆保険の導入は不可欠であると考える。しかしながら，「大きな政府」につながる形ではなく，あくまで民間保険，とりわけ中核的地位を占める雇用主提供保険を拡張した形で導入すべきであるとする。

　さらに，医療費を抑制し，国民に対して質の高い医療サービスを提供するためには，「選択と競争」が必要であると主張する。すなわち，加入可能な保険プランの選択肢を拡大し市場競争を促進するということである。雇用主提供保険を中心とした民間保険制度はもちろんのこと，メディケア・メディケイドの加入者についても，民間保険プランを含めた複数の選択肢を提供し，市場競争を促進すべきである。政府の積極的な財政出勤よりも，プログラムの財政均衡を重視し，公的医療制度の拡張は必要最小限度にとどめる姿勢が明確化されている。

　医療費の負担については，国民の側にも責任の共有が求められ，政府は自ら医療保険を購入し，加入する経済的余裕のない人間に対しては，財政的な支援を行うべきである。しかし，余裕のある人間に対しては，相応の医療費負担が義務付けられる。また，保険購入にあたっても，国民は責任を共有せねばならず，たとえば，自らが勤めている企業の雇用者が保険給付を提供しており，十分な経済的余裕があるにもかかわらず，それに加入していない従業員は，（たとえば税的な）罰則を課すべきであるとする。

　さらには，医療費の抑制や医療サービスの質の向上のためには，情報技術の積極的な導入が必要であるとする。医療保険制度は，情報時代の技術的な

5 アメリカの医療制度

進歩と歩みをともにすべきであり，医療記録の電子化等をこれまで以上に促進すべきであるとする[14]。

(b) 共 和 党

従来までの共和党の政策的な立場は，民主党が推進する公的医療保障制度の拡張や公的な規制の強化を，一定レベル以下に抑制しようとする，受動的，現状維持的な性格の強いものだった。メディケア・メディケイドの成立はそのまま受容し，1997年のSCHIPの創設や2003年のメディケア・パートDの導入についても支持した。

しかし，1980年以降，党内で保守派が台頭するにつれて，個人の自由と自己責任に依拠した「消費者主導医療」の実現を図り，既存の医療保障制度の積極的な変革を図ろうとしている。新たに個人の役割を重視し，政府や企業が重要な役割を果たしている既存の医療保障制度のラディカルな改革を打ち出すに至っている。

現行のアメリカ医療保障制度のもとでは，保険の選択・提供や医療費の拠出・管理の点で，政府や企業が大きな役割をはたしているが，そのようなシステムのもとでは，個人の自由な選択が制限され，コストの抑制や医療の質の向上を可能にするためには，個人により大きな選択の自由を与え，保険プランや医療供給者の選択だけでなく，治療の方法や治療を受けるか否かそれ自体を選択する権利も認めるべきであるとする。また，現行のシステムのもとでは，消費者側に十分なコスト意識が働かないため，医療サービスの過剰利用が生じやすく，医療費を抑制するためには，個人が医療費の拠出や管理に対して，より多くの責任を持つような改革を行うべきであるとする。具体的には，個人購買保険の促進や公的医療保険の民営化を主張している[15]。

(2) アメリカ保険法改革

(a) 医療改革法の成立

アメリカにおける国民皆保険制度という政策提言は，幾多の試みがことご

---

14) 天野・前掲注(7) 308 頁
15) 天野・前掲注(7) 309 頁。

〔石原奈津子〕

4．アメリカの医療制度改革

とく失敗して今日に至っている。90年代のクリントン政権においても，国民皆保険の実現，医療費の抑制，メディケアとメディケイドの支出額の抑制を目標とする抜本改革が連邦レベルで検討され，93年に医療保障法案が議会に提出されたが不成立に終わっている。

その後，オバマ政権が成立し，民主党が上下院両方の多数を得たことを背景にして2010年には医療保険改革法が成立した。オバマ大統領が，アメリカの医療保障システムの問題点は，医療保障の安全性と安定性のいっそうの低下，医療価格の上昇とそれに伴う保険料の高騰，納税者が支えきれない租税負担の3点であると指摘し，国民皆保険を公約として当選したのが2009年のことである。(しかしながら，当該法案は，共和党員は一人として賛成せず，民主党からも反対票は相当出た。そして，共和党系の州が憲法違反として提訴した。)

(b) 医療保険改革法（オバマケア）の内容

医療保険改革法の概要は以下の通りである。多数存在する，無保険者をなくすために以下のような方策がとられた。

1) 新たに3,200万人の無保険者に対し医療提供が行われる。保険加入率は95％にまで高まる。2) そのための手段として，まず従来保険料を支払うことが出来なかった無保険者には，保険料支払いのための補助金が与えられ，州が設定する「医療保険市場」において，いずれの私的保険に加入するかの選択権が認められる。ただし，2014年の時点で医療保険制度に加入しない個人に最低695ドルの課徴金 penalty が課せられるようになる（低所得者へは例外がある）。これを，個人に対する加入強制という意味で individual mandate 条項と呼ぶ。3) 次に，メディケイドについては対象を拡大する。州に対する補助金を引き上げる代わりに，州は，従来メディケイドの対象としてこなかった人たち（連邦政府の定めた貧困者レベル133％の収入までの人たち）も対象にしなければならない。それに同意しない州に対してはすべてのメディケイド補助金を廃止する。4) さらに，保険会社は，既往症を理由として保険の引き受けを拒否できなくなる。また，親の保険で子がカバーされる対象を26歳まで引き上げることが求められる。

5 アメリカの医療制度

また，この改革法の主眼は，医療保険市場の改革でもある。

民間保険に依拠し，市場原理に任せた結果が，病気になったときに保険が機能せず，医療へのアクセスが閉ざされるという状況である。私的医療保険は保険会社が利益追求のため合理的なリスク分散を行う結果として，保険料を支払えない人のほかにも，既に病気や障害のある人や病気になった後は保険の加入が拒まれてしまう。また，保険金の支払い限度が設けられており，告知義務違反などを理由に保険金が支払われない場合も生じる。保険の条件は個々の保険によって大きく異なるため，自己負担や保障内容も様々で個々人で自己選択せねばならず，その結果あとで悔やむケースも多い。

改革法は無保険者のみならず，医療保険の対象者にとっても以下のような恩恵を与えている。1) 既に病気になっているという理由で保険加入を拒めない。2) 些細な告知義務違反等を理由に保険金の支払いを拒むことを禁止する。3) 保険料を定めるにあたっての既往症や性別による差別を禁止する。4) 支払われる保険金について，年間の限度額や生涯限度額を定めることを禁止する。

さらには，私的医療保険を維持しながら医療へのアクセスを拡張し，しかもコストダウンを図るために，新法は3つの手段をとる。1) 治療法の有効性比較を行い，無駄な医療をやめて適切な医療へ標準化を促す。2) メディケアの全体的支出を削減するために独立医療費支払助言委員会が設置され，目標額を設定してその達成を目指す。3) 医療費削減策にはさまざまな手段が提案されており，それらに一定の補助金を与えて社会実験を行う[16]。

(c) 保険改革法違憲訴訟

アメリカにおいては，先進国で通常見られる国民皆保険の創設が憲法問題となり，しかも重大な政治的争点となる。同法の支持者は，20世紀初頭以来の悲願を達成した歴史的偉業としたが，反対論も根強い。世論調査はむしろ反対意見が多く，共和党は2012年の選挙に勝てば同法廃止の法案を出すと主張した。

---

16) 岩田太編 『患者の権利と医療の安全——医療と法のあり方を問い直す——』（ミネルヴァ書房，2011年）111頁以下。

4. アメリカの医療制度改革

イデオロギー的反対論は，連邦政府に対するアメリカ人の根強い懐疑心が基底にある。国民皆保険の名の下に個人の自立や自由を妨げるという考え方である。アメリカにおいては，それが健康という生活の基本に関わることであっても変わりなく，むしろだからこそ政府が肥大化し，肥大化した政府が個人を抑圧することを強く懸念する。

もちろん，財政赤字が膨らめば将来の増税を招き，自分たちの負担となることを恐れ実際的な反対論ある。政府は医療へのアクセスを改善すると同時にコストも削減するというがうまくいくのだろうか，といった認識である。

そういった背景の下，医療保険改革法に対し，成立と同時に13州が違憲訴訟を提起した。この法定論争は約2年間続いたが，2012年6月連邦最高裁が合憲と判断した[17]。

その中心となった主張は，前記2) individual mandate 条項と3) メディケイドの拡大条項が，連邦議会に認められた憲法上の権限を越えており，違憲というものだった。

連邦最高裁は，連邦第11巡回区控訴裁判所の判決からの上訴を引き受け，個人に対する加入強制については5対4で合憲，メディケイドの対象拡大を州に強制する部分については違憲とする判断を示した。

5名の多数派意見は，個人への保険加入義務付け条項は，連邦議会の有する課税権限の行使として合憲である。金額の内容やIRS（内国歳入庁）による取り立て手続きが用いられることなどから見て，憲法上の判断としては，課徴金penaltyは刑事法上の罰金ではなく一種の課税であるとする。

課税という手段を用いて一定目的の規制を行うことは従来から見られたが，それらは通商条項でも正当化出来るとされてきた。本件においても5名のうち4名（ギンズバーグ，ブライヤー，ソトマイヨール，ケーガン）は，同時に州際通商条項（およびそれに関連する必要かつ適切事項）に基づく権限の行使としても正当だと判断した。

ところがこの点においては，ロバーツ首席裁判官は，反対意見の4人（ス

---

17) 樋口範雄「保険改革法合憲判決」別冊ジュリスト213 アメリカ法判例百選（2012年）34頁以下。

カリア，アリトー，トーマス，ケネデイ）に同調し，州際通商条項による正当化はできないとした。これらの5名の考えによれば，連邦議会の有する州際通商規制権限は，国民の経済活動を義務付けること，すなわち，自分が買いたくもない商品——本件では保険——を購入しないこと（不作為）に介入して規制することまでは意味しないとする。

メディケイドの拡大条項については，ロバーツ首席裁判官は，ブライヤー，ケーガンと合わせて3名は，連邦議会の支出権限の行使として正当だとしたが，州が新たな拡大に同意しないと従来の補助金も失うというのは，州に対する強制にあたるとしてその部分を違憲とした。スカリナ，アリトー，ケネデイ，トーマスの4裁判官は，拡大条項も連邦議会の正当な権限行使としては認められないとして全面的に違憲とした。

その結果，ロバーツ首席裁判官が説くように，州に対する強制となる部分について一部違憲という結果となった。今回のメディケイドの拡大に州が参加しないことが可能となるということである。

アメリカの最高裁では，いわゆるリベラル派と保守派の対立が顕著であり，5対4の判決で決することも多く，本判決ではロバーツ首席裁判官がキャスティングボードの役割を担ったが，世論調査では必ずしも皆保険制度への支持率は高くなく，新聞等では予想外の合憲判決だという評価がなされた。債務上限の引き上げなどで，民主・共和両党が対立する場面では大きな争点となっている[18]。憲法論で一応の決着を見たとしても，今後，共和党が政権を握れば医療保険改革法にも大きな修正がなされる可能性は残る。

(d) 違憲審査

アメリカ合衆国憲法に基づく連邦法に対する違憲審査には，日本国憲法と異なる大きな特色が存在する。それは，二段階審査となっており，まず，問題となった連邦法が合衆国憲法による議会制定権限の範囲内でなければなら

---

[18] 2013年10月にはオバマケアをめぐる与野党対立で予算が成立せず，政府機関が一部閉鎖された。2013年10月，政府の補助金で安く保険が買えるオンラインの保険市場が稼働を始め，医療保険改革が実施段階に移った。2014年1月より，企業への従業員向け保険提供が義務付けが予定されている。

4. アメリカの医療制度改革

ない。そして，第二段階として，それが人権侵害であってはならない。連邦制度を持たない日本においては，国会を最高機関とし，日本国憲法の下での違憲審査は2番目の局面だけを問題としている。

本件の違憲審査は，第一段階の局面を問題としている。全員加入の健康保険制度を作ったのが州であれば憲法上の問題とはならなかった。医療や健康について連邦政府の権限とする規定は合衆国憲法には存在せず，皆保険制度などの仕組みを作るのは州民の健康や安全に関係することであり，それらを包括する福祉権限は州にあるというのがアメリカの連邦制度である[19]。

しかしながら，実際には建国当初に比べ連邦議会の法律制定権限は大きく拡大した。根拠規定としては，合衆国憲法第1編第8節に列挙された条項のうち，第1号の課税・支出権限を定める条項，第3号の州際通商規制権限を定める条項，第18号の必要かつ適切条項だったが，とりわけ州際通商条項は，連邦最高裁が経済規制に対する謙抑的姿勢に基づく解釈を行った1937年以降，それが経済活動に関係して州際通商に相当の影響を与える限り，憲法上の根拠として認められてきた。

同様に，連邦政府の課税権を認める条項は，いくつかの憲法上の制約（直接税は人口比例でならなければならないことや合衆国全体を通じて均一でならねばならないことなど）はあるものの，課税という名前の規制でないかという反対論があっても，広く解釈された州際通商条項によって正当化できるなら大きな問題とならなかった。

同様に，支出権限についても，州政府に対し，一定の条件を示してそれを遵守するなら補助金を出すという手法は広く用いられ，メディケアであれ生活保護であれ，連邦政府が基準を決める手段となってきた。

本件国民皆保険制度の創設についても，連邦議会の州際通商条項と支出権限条項によって十分根拠づけられるとするのが政府の立場であった。

---

[19] 例えば，マサチューセッツ州では2006年4月 Massachusetts Health Care Reform Law Chapter 58 An Act Providing Access to Affordable, Quality, Accountable Health Care を成立させ，州民に対し医療保険への加入義務を課すことで，皆保険の実現を目指している。

本判決は，経済活動に対する連邦政府の規制は，過去の先例から見て州際通商条項によって当然正当化されるとされてきたが，それに限界があることを改めて示した。課徴金という制裁で個人の保険加入を義務付ける条項について，州際通商条項ではなく，課税権の行使として正当化がなされた。課税という手段を用いて一定目的の規制を行うことは従来から見られたが，それらは州際通商条項でも正当化できるとして，課税権限の正当な行使か否かは大きな問題とはならなかったが，今後はそれが重要な課題となる可能性がある。

また，支出権限下で，州に対する補助金に条件をつける（条件を満たさなければ補助金をつけない）という手法はきわめて広く用いられてきたが，本判決においては，本件でとられた手法を強制にあたるとして違憲とした。いかなる条件のつけ方が「強制」とまで言えるかは難問として残った。解釈次第では，連邦政府による支出権限の行使を著しく制約する可能性がある[20]。

5．法政策における日米比較考察

(1) 混合診療禁止合憲判決

(a) 判決の内容

日本においては，効率化の観点から医療分野の競争促進が提唱され，混合診療の解禁の是非について長く議論が続けられている。被保険者Xが国を相手に，「混合診療」における保険診療相当分を対象とする保険給付の可否を争った裁判については，最高裁平成23年10月25日判決において，健康保険法86条の解釈の適法性に対する判断が示された。

実務上重要な影響を与える当該解釈の適法性をめぐり，従来の厚生労働省による混合診療禁止の法解釈を否定する第一審と，これを肯定する控訴審とに下級審の判断が分かれていたことから，本判決はこの問題に司法上の決着をつけたものである。最高裁判決は，国の主張・解釈を是認し，原告である被保険者Xの主張を退けた。

---

20) 樋口・前掲注(17)35頁。

5．法政策における日米比較考察

　本判決は，専ら保険外併用療養制度を定めた法 86 条の解釈によって，同制度に該当するもの以外の混合診療については，本来保険診療に該当するものも含めて，すべて「療養の給付」に当たらないと解釈することができるかについて検討する。

　本判決は，これを巡ってまず問題となる①保険外併用療養制度及びその前身の特定療養制度（旧法 86 条）は同制度に該当するもの以外の混合診療を禁止する趣旨のものかについて，各制度の趣旨および沿革に係る原審認定の事実と関係法令等の定めを前提に各制度の趣旨及び目的を検討し，控訴審判決同様，各制度がこの「原則を引き続き採ることを前提とした上で」創設されたと解する。

　次に問題となる②各制度の趣旨から法 86 条の規定は同制度に該当するもの以外の混合診療を禁止していることを「法文上」どのように導くのかについて，こうした「制度の趣旨及び目的」に照らし，法 86 条にいう「その療養」及び「当該療養」とは保険診療相当部分を含めた「評価療養又は選定療養」を指すものとし，評価療養以外の診療にも「療養の給付」に当たる部分は常に保険が適用されると主張していたが，こうした解釈は，「制度の趣旨及び目的に照ら」して否定された。

　また本判決は，政策的妥当性に関しても「健康保険により提供する医療の内容については提供の質（安全性および有効性）の確保や財源面からの制約等の観点から，その範囲を合理的に制限することはやむを得ないと解され」「混合診療保険給付以外の原則を内容とする法の解釈は，不合理な差別を来たすものとも，患者の治療選択の自由を不当に侵害するものともいえず，また社会保障制度の一環として立法された健康保険制度の保険給付のあり方として著しく合理性を欠くものということもできない」と判断した[21]。

21）　本判決および控訴審判決を好意的に評価する学説においては，第一審判決が専ら法 86 条およびこれに関連する諸条項の文言解釈を重視した解釈方法を採用したことに対し，立法の経緯や趣旨を考慮しないものであるとして疑問を呈する向きが強かった。一方で第一審判決は，「法解釈の問題と，差額徴収制度による弊害への対応や混合診療全体のあり方等の問題とは，次元の異なる問題である」としている。

(b)　意見・補足意見

　本判決は，国の主張・解釈を是認するにあたって，混合診療原則禁止は，法86条等の「規定の文言上その趣旨が必ずしも明確にされているとは言い難い面はあるものの……」等の留保条件を何度も付けている。また，この判決は5人の裁判官のうち，裁判長を含む4人が上記留保条件に関連して「補足意見」「意見」を伏した。

　上記②について問題となるのは，法文から読み取れるのは評価療養の要件を満たさない先進医療との混合診療に対して保険外併用療養費が支給されないことにとどまるのであって，法86条の反対解釈のみからは，混合診療がなされた場合に基礎的診療部分がそもそも「療養の給付」の対象とならないことまでは，ただちに導けないことである。

　この点，本判決は，制度の「趣旨及び目的や……法体系全体の整合性等の観点」を挙げ，これらの観点からすれば，法86条について原則の趣旨に沿った解釈が導ける」とする。すなわち，各制度がこの「原則を引き続き採ることを前提」としていることを専らの論拠にして，あらゆる組み合わせが考えられる混合診療のうち評価療養の要件に該当するもの以外の混合診療が禁止されると読むべきだとするのみである。

　したがって，法文上は被保険者Xや第一審判決のような「解釈も成り立ち得ないわけではな」く（大谷剛彦裁判官補足意見），多数意見も自ら認めているように，この原則を「法文上」明確に根拠づけたとは言い難い。

　一方で，第一審判決を支持する学説においては，被保険者資格を有するものは，保険事故が発生した場合に，保険給付を受け取る権利を有する。あるいは，被保険者が被保険者証を提示して保険医療機関との契約，すなわち診療契約を締結することで，療養の給付に関する受給権が具体化する（西村健一郎　社会保障法55頁）のであれば，前記解釈に基づく取扱いは，すでに抽象的ないし具体的に発生している保険給付を受ける権利を否定することにならないか。保険外併用療養に当たらない保険外療養を受けた場合に，保険内診療を受ける権利が当然になくなるわけではなく，保険診療を受ける権利は，強制徴収された保険料の対価である財産であるから憲法29条により保

障されている[22]。法治主義の観点からは，こうした場合には「明文の」根拠が必要であろう。この原則の法律上の根拠の有無は，保険給付を受ける権利の性格や発生時期の問題と関わり，本判決はこの問題に言及しておらず，検討の余地があると言える。

　本判決の補足意見および意見においては，この原則の下での制度設計や，適用基準の不明確さ等運用に大きな問題があることが指摘されている。この原則が保険「給付を受ける権利の阻害要件として機能する」（寺田裁判官意見）という問題提起もなされている。本判決に好意的な学説においても，こうした解釈が被保険者に不利益を与える以上は，本来その趣旨が法律に明記されるべきであるといった指摘もなされている。

(2) 比較考察——結びに代えて——

　アメリカは，政府不信の強い伝統，人種・民族構成の異質性，非政府慈善組織が発達しており，他国では政府の領分とみなされる問題まで処理している，機会平等が大きく，所得分布は個人の努力と能力の結果とみなす強い信念がある，などの特色を反映して，国民皆保険制度を有していなかった。市場原理を原則とし，中核となる雇用主提供雇用保険も大企業が福利厚生として自主的に行ったものである。一方で，公的医療保険や医療扶助も多岐に渡り，医療サービスと医療保険からなる地域市場が形成されている。

　そのような中で，無保険者の問題と医療費の膨張という問題に直面している。市場に任せた結果が，大勢の保険に加入できない者・あえて保険加入をしない選択をする者たちであり，マネージドケアに見る保険者機能の限界であり，上昇を続ける医療価格である。

　これに対するアメリカの各政党の政策的立場は明確である。2009年以降の民主党オバマ政権において医療保険改革法が成立し，国民皆保険を実現させているが，これが歴史的偉業となるか否かは今後の動向を見なければ分らない。この法律の成立にあたって訴訟が提起されているが，その内容は，問題となった連邦法が合衆国憲法による議会制定権限の範囲を越えているとい

---

22) 阿部泰隆『行政法解釈学Ⅰ』（有斐閣，2008年）131頁以下。

う観点からのものであり，ここにもアメリカ的特質が見られる。

　国民皆保険が貫かれている日本においては，医療費の抑制が重要な課題とされ，市場原理の導入が提唱されているが，市場原理を原則とするアメリカの抱える問題の示唆するところは大きい。情報の非対称性の存在する医療分野においては，価値を生み出す質の良い競争を実現するための規制が必要である。市場に任せきりにするのも，競争を制限するのでもなく，価値を生み出す競争の実現は，あらゆる医療市場に共通する課題であると言える。

　日本の最高裁が混合診療原則禁止についての解釈について，国の主張を是認する判断を下したが，何度も留保条件をつけた上での判断であり，異例なことに5人のうち4人の裁判官が「補足意見・意見」を付している。

　日本は現在，行政改革，司法改革，地方分権改革など多方面での改革が提唱されており，中央官庁に集中した権限を，国民へ，政治へ，民間へ，地方へ，司法へと移していこうとしている。制度設計や適用基準の不明確さ等制度運用に大きな問題があることを指摘されることの多い日本の国民皆保険制度を考える上で，アメリカの改革に見られる考え方や手法は重要な意味を持つものと考えられる。

　医療へのアクセス，提供される医療の質，そして一定水準の医療を継続的に供給するためのコストへの配慮の問題等医療に関する法と政策の課題には共通するところが多い。日本においても，医療市場において質のよい競争を実現する観点から，また，制度の谷間に陥って医療へのアクセスを拒まれている人たちがいないか等，今後も様々な検討の余地があると思われる。

〔石原奈津子〕

あ と が き

　法政策研究会は，21年前の平成5年度，神戸大学大学院法学研究科に法政策専攻が設置され，その4年後法政策研究会が設立されました。当時法学研究科長の根岸哲先生（現・当研究会顧問・名誉教授），法政策専攻設置に奮闘努力された阿部泰隆先生（現・当研究会顧問・名誉教授）をはじめ多くの神戸大学大学院法学研究科の先生方のご支援のお陰をもちまして誕生しました。

　論集『法政策学の試み・法政策研究』第1集を平成10年10月に創刊し，以来毎年刊行を続けています。この度論集第16集を発行することができました。

　これも会員の皆様が，日々の研究活動の積み重ねられた成果であり，顧問の先生方，神戸大学大学院法学研究科はじめ関係する多くの先生方や研究者の方々による暖かいご支援の賜物と深く感謝しています。

　この論集は，現在，角松生史先生（神戸大学大学院法学研究科教授）・泉水文雄先生（神戸大学大学院法学研究科教授）の熱心な指導の下に継続しています。

　しかしながら，当研究会を取り巻く環境は厳しいものがあります。ひとつは，昨今の法科系大学院は，法科大学院が注目を集め，神戸大学法学研究科の法政策専攻から高度専門職業人コースと名称変更されるとともに募集人員も縮小されました。また，会員数は約80名でここ数年減少傾向となっています。とりわけ新人会員数の増加を期待しています。

　この論集の多くは，会員諸氏の平素の実務体験からの論文であり，机上論ではなく実績・事実に基づいた説得力のある研究成果を世に発表し，現在の社会が抱える問題点を明らかにすることを目指しています。

　当研究会では，「継続は力なり」を合言葉に，次の第20集さらには第30集の刊行を目標にしたいのが総意です。そのために会員諸氏が自己研鑽し，それぞれ研究成果を挙げ，ささやかながらも社会貢献出来るよう期待してい

あとがき

ます。

　読者の皆様をはじめ関係各位の皆様におかれましては，これまでと同様にご指導・ご支援いただきますようお願いいたします。

　最後になりましたが，本書創刊以来ご支援・ご助言を賜りました信山社の袖山貴氏に心から御礼申し上げます。今後ともよろしくお願い申し上げます。

　2014(平成26)年12月　吉　日

　　　　　　　　　　　　　　　　　　　　　　　　　　　法政策研究会

〈監修者紹介〉

泉水文雄（せんすい・ふみお）
　　神戸大学大学院法学研究科教授（経済法）

角松生史（かどまつ・なるふみ）
　　神戸大学大学院法学研究科教授（行政法）

❀ ❀ ❀

特集　翻訳と支援

法政策学の試み──法政策研究　第16集

2015(平成27)年1月28日　第1版第1刷発行
2816-8：P136　¥3200E-013：005-002-003

編　者　神戸大学 法政策研究会
発行者　今井　貴　稲葉文子
発行所　株式会社 信山社
編集第2部
〒113-0033　東京都文京区本郷6-2-9-102
Tel 03-3818-1019　Fax 03-3818-0344
henshu@shinzansha.co.jp
笠間才木支店　〒309-1611　茨城県笠間市笠間 515-3
Tel 0296-71-9081　Fax 0296-71-9082
笠間来栖支店　〒309-1625　茨城県笠間市来栖 2345-1
Tel 0296-71-0215　Fax 0296-72-5410
出版契約 2015-2816-8-01011　Printed in Japan

Ⓒ泉水文雄・角松生史, 2015　印刷・製本／ワイズ書籍・牧製本
ISBN978-4-7972-2816-8 C3332　分類01-321.000 法政策学
2816-01011：050-002-003《禁無断複写》

JCOPY　《(社)出版者著作権管理機構 委託出版物》
本書の無断複写は著作権法上での例外を除き禁じられています。複写される場合は、
そのつど事前に、(社)出版者著作権管理機構（電話03-3513-6969, FAX03-3513-6979,
e-mail: info@jcopy.or.jp）の許諾を得てください。(信山社編集監理印)

法律学の森シリーズ
変化の激しい時代に向けた独創的体系書

新　正幸	憲法訴訟論〔第2版〕
大村敦志	フランス民法
潮見佳男	債権総論Ⅰ〔第2版〕
潮見佳男	債権総論Ⅱ〔第3版〕
小野秀誠	債権総論
潮見佳男	契約各論Ⅰ
潮見佳男	契約各論Ⅱ　（続刊）
潮見佳男	不法行為法Ⅰ〔第2版〕
潮見佳男	不法行為法Ⅱ〔第2版〕
潮見佳男	不法行為法Ⅲ　（続刊）
藤原正則	不当利得法
青竹正一	新会社法〔第3版〕
泉田栄一	会社法論
小宮文人	イギリス労働法
髙　翔龍	韓国法〔第2版〕

〔最新刊〕
豊永晋輔　原子力損害賠償法

信山社

● 判例プラクティスシリーズ ●

判例プラクティス憲法【増補版】
2014年、最新版！

憲法判例研究会 編
淺野博宣・尾形健・小島慎司・宍戸常寿・曽我部真裕・中林暁生・山本龍彦

判例プラクティス民法Ⅰ〔総則・物権〕
松本恒雄・潮見佳男 編

判例プラクティス民法Ⅱ〔債権〕
松本恒雄・潮見佳男 編

判例プラクティス民法Ⅲ〔親族・相続〕
松本恒雄・潮見佳男 編

判例プラクティス刑法Ⅰ〔総論〕
成瀬幸典・安田拓人 編

判例プラクティス刑法Ⅱ〔各論〕
成瀬幸典・安田拓人・島田聡一郎 編

――――信山社――――

◇ 小山昇著作集　第1～13巻　　小山 昇 著

◇ 民事訴訟法概史　　アルトゥール・エンゲルマン 著
　　　　　　　　　　/小野木常・中野貞一郎 編訳

◇ 近代民事訴訟法史・ドイツ　　鈴木正裕 著

◇ 民事手続の実践と理論　　井上治典 著

◇ 証明責任の分配〔新版〕　　松本博之 著

◇ 複雑訴訟の基礎理論　　徳田和幸 著

◇ 実効的権利保護　　ディーター・ライポルド 著/松本博之 編訳

◇ 民事紛争解決手続論(新装版)　　太田勝造 著

信山社

◇ 競売の法と経済学　鈴木禄弥・山本和彦・福井秀夫・久米良昭 編

◇ 民事訴訟の目的論からなにを学ぶか　新堂幸司 著

◇ 新民事訴訟法論考　高橋宏志 著

◇ 民事訴訟審理構造論　山本和彦 著

◇ 破産と会計　野村秀敏 著

◇ 教材倒産法Ⅰ〔解説篇・問題篇〕／Ⅱ〔記録篇〕
　　―実務と理論の架橋　野村秀敏=若田順 編

◇ 法学民事訴訟法〔逐条解説〕(信山社双書 法学編)　野村秀敏 著

◇ 最新EU民事訴訟法 判例研究Ⅰ　野村秀敏=安達栄司 編著

信山社

◇ フランス民事訴訟法の基礎理論　　徳田和幸 著

◇ フランス民法 ― 日本における研究状況　　大村敦志 著

◇ われらの法 ―穂積重遠法教育著作集Ⅰ～Ⅲ　　大村敦志 解題

◇ 憲法研究　〈近日創刊〉　樋口陽一 責任編集

◇ フランスの憲法判例Ⅰ・Ⅱ　辻村みよ子 編集代表/フランス憲法判例研究会 編

◇ 現代フランス憲法理論　　山元一 著

◇ フランス社会保障法の権利構造　　伊奈川秀和 著

◇ 社会保障法研究 1号～　〈続刊〉　岩村正彦・菊池馨実 責任編集

◇ ヨーロッパ「憲法」の形成と各国憲法の変化　中村民雄・山元一 編

信山社

〔最新刊〕
◇ **破産法比較条文の研究** 竹下守夫 監修
　　加藤哲夫・長谷部由紀子・上原敏夫・西澤宗英 著

◇ **各国民事訴訟法参照条文** 三ケ月章・柳田幸三 編

◇ **民事訴訟法旧新対照条文・新民事訴訟規則対応**
　　日本立法資料全集編集所 編

◇ **民事裁判小論集** 中野貞一郎 著

◇ 〔日本立法資料全集〕**民事訴訟法:明治編1-3(テヒョー草案1-3)**
　　松本博之・徳田和幸 編著

◇ 〔日本立法資料全集〕**行政手続法制定資料** 塩野宏・小早川光郎 編著

◇ 〔日本立法資料全集〕**刑事訴訟法制定資料** 井上正仁・渡辺咲子・田中開 編著

◇ **増補刑法沿革綜覧**
　　松尾浩也 増補解題 /倉富勇三郎・平沼騏一郎・花井卓蔵 監修 /高橋治俊,小谷二郎 共編

信山社

◇ 法学六法／標準六法
　石川 明・池田真朗・宮島 司・安冨 潔・三上威彦・大森正仁・三木浩一・小山 剛 編集代表

◇ 訴訟上の和解　石川 明 著

◇ 民事手続法評論集　石川 明 著

◇ EUの国際民事訴訟法判例Ⅰ　石川 明・石渡 哲 編

◇ EUの国際民事訴訟法判例Ⅱ　石川 明・石渡 哲・芳賀雅顯 編

◇ ボーダレス社会と法――オスカー・ハルトヴィーク先生追悼
　石川 明・永田 誠・三上威彦 編

◇ 来栖三郎著作集Ⅰ～Ⅲ

◇ 我妻栄先生の人と足跡　我妻 洋・唄孝一 編

◇ 企業法の現在　青竹正一先生古稀記念
　出口正義・吉本健一・中島弘雅・田邊宏康 編

◇ 刑事法・医事法の新たな展開　町野朔先生古稀記念　上・下
　岩瀬 徹・中森喜彦・西田典之 編

信山社